Ouvertures psychologiques

réparer **l'examen**

Psychologie **cognitive** de la **lecture**

Reconnaissance des mots écrits chez l'adulte

Ludovic **Ferrand**
Pauline **Ayora**

de boeck

Pour toute information sur notre fonds et les nouveautés dans votre domaine de spécialisation, consultez notre site web: **www.deboeck.com**

1re édition

Éditions De Boeck Université
Rue des Minimes 39, B-1000 Bruxelles

Imprimé en Belgique

Dépôt légal:
Bibliothèque Nationale, Paris: septembre 2009 ISSN 1782-8538
Bibliothèque royale de Belgique, Bruxelles: 2009/0074/143
ISBN 978-2-8041-5903-0

Introduction

Qu'est-ce que la lecture ? [...] ce qu'il existe de spécifique dans l'activité de lecture est la capacité de reconnaissance des mots écrits, c'est à dire la capacité d'identifier chaque mot en tant que forme orthographique ayant une signification et de lui attribuer une prononciation.

Morais (1994). *L'art de lire.*

L'étude de la lecture occupe une grande place dans le domaine de la psychologie cognitive. Le lecteur moyen est en mesure de décoder entre 150 et 200 mots par minute alors même qu'il n'est absolument pas conscient de la façon dont il procède. Comment le lecteur passe-t-il d'une représentation graphique à une représentation pourvue de sens ? La psychologie cognitive se propose d'étudier de façon scientifique les processus spécifiques impliqués dans la lecture. Elle cherche à déterminer quelles sont les opérations intermédiaires entre la perception visuelle d'un mot et son identification.

Cet ouvrage présente une vue d'ensemble complète sur les différents travaux consacrés à la reconnaissance des mots écrits et plus particulièrement à la capacité de lecture en tant que telle. Selon Morais (1994), la capacité de lecture est « [...] l'ensemble des processus perceptifs qui permettent de faire en sorte que la forme physique du signal graphique ne constitue plus un obstacle à la compréhension du message écrit. La capacité de lecture est, comme toute autre activité cognitive, une transformation de représentations (dites d'entrée) en d'autres représentations (dites de sortie) ».

Le présent ouvrage est une synthèse du livre de L. Ferrand (2007). Il a pour vocation de constituer un outil pédagogique pour l'étudiant s'intéressant à la psychologie cognitive de la lecture.

CHAPITRE 1

Généralités sur le langage écrit

SOMMAIRE

1. Langage parlé et langage écrit
2. Le mot : unité de base de la lecture
3. Étapes de la lecture et nature des représentations mentales

1. LANGAGE PARLÉ ET LANGAGE ÉCRIT

L'écriture est considérée comme étant un moyen de représentation graphique du langage parlé. Si ces deux modalités d'expression entretiennent des relations étroites, elles présentent pour autant quelques différences notables.

De manière générale, alors que la parole est un moyen de communication temporel, dynamique et évanescent, l'écriture est spatiale, statique et permanente. Aussi, tandis que l'apparition du langage parlé est estimée à deux millions d'années, l'écriture est apparue beaucoup plus récemment dans l'histoire de l'humanité (six mille ans).

Selon Liberman (1992), la parole est plus « naturelle » que l'écriture en ce sens que toutes les sociétés humaines possèdent une langue parlée alors qu'elles n'ont pas toutes développé de système d'écriture. Aussi, l'acquisition du langage ne nécessite pas un apprentissage long et complexe comme le nécessite l'acquisition de la lecture-écriture. De plus, par le développement d'aires cérébrales spécifiques, le langage parlé semble être beaucoup plus prédisposé biologiquement que ne l'est la modalité d'expression écrite, cette dernière étant davantage considérée comme un objet culturel.

Malgré ces différences, nous pouvons considérer que le langage écrit « sert » le langage parlé dans le sens où il lui permet une représentation phono-graphique. En effet, les différents systèmes d'écriture contiennent des indices sur la structure phonologique des mots écrits.

Les **pictogrammes** représentent le premier système d'écriture connu. Ce sont des symboles graphiques dont la forme non-arbitraire représente directement l'objet désigné. La difficulté de symbolisation des mots abstraits ainsi que l'impossibilité de procéder à des règles syntaxiques ont probablement constitué les limites des systèmes d'écriture pictographiques et ont contribué à l'élaboration des idéogrammes. Les **idéogrammes** ont ceci de nouveau qu'ils permettent de représenter des idées, des notions plus abstraites. Les **logogrammes** (utilisés dans l'écriture chinoise) sont les premiers symboles permettant une représentation directe des sons des mots de la langue. Ils autorisent l'expression d'idées abstraites et la relation entre les logogrammes et leur signification est arbitraire. Le système le plus répandu actuellement est le **système syllabique** (comme le japonais), qui permet de créer de nouveaux symboles en rajoutant des syllabes. Enfin, le **système alphabétique** (comme le français et l'anglais) permet à partir d'un nombre fini de lettres de représenter les composants phonologiques de la langue.

Si des langues peuvent utiliser le même système d'écriture (telles que l'anglais et le français qui sont deux langues alphabétiques), elles possèdent chacune leur propre orthographe, leurs propres conventions grapho-phonologiques. La relation entre la forme orthographique et la forme phonologique peut être ainsi qualifiée de transparente ou d'opaque. Une orthographe est dite transparente lorsqu'à chaque graphème correspond un phonème et à chaque phonème correspond un graphème. Par opposition, une langue caractérisée par une orthographe opaque ne respecte pas une correspondance stricte entre la forme graphique et la forme phonologique. En français, l'orthographe est souvent opaque. Par exemple, la rime –ILLE se prononce différemment dans FILLE et VILLE.

2. LE MOT : UNITÉ DE BASE DE LA LECTURE

La lecture est un talent cognitif qui consiste à traiter du langage écrit à travers l'identification de mots. D'un point de vue formel, dans les langues alphabétiques, le mot est un élément linguistique, une combinaison de lettres entourée de deux blancs. Dans notre alphabet, les 26 lettres qui le composent ne se combinent pas de façon aléatoire. En effet, les mots respectent des contraintes linguistiques en n'autorisant qu'un nombre limité de combinaisons. Par exemple, la combinaison WH peut se retrouver en anglais (WHERE – WHO) mais pas en français. Ces contraintes jouent certainement un rôle non négligeable dans les différents processus permettant l'identification des mots. L'étude de ces processus va consister à élucider la façon dont le lecteur va récupérer de façon quasi-automatique une information sémantique à partir d'une simple information visuelle et graphique : le mot.

L'effet Stroop (1935) illustre bien le caractère automatique de la reconnaissance visuelle d'un mot écrit. Dans l'expérience de Stroop, les sujets doivent nommer la couleur de l'encre avec laquelle le nom d'une couleur est écrit. Lorsque ce nom diffère de la couleur de l'encre avec laquelle il est écrit (bleu écrit en jaune par exemple), le lecteur est alors confronté à une interférence sémantique : il ne peut s'empêcher de récupérer l'information sémantique du mot écrit (bleu). Il en résulte que la dénomination de la couleur appropriée (jaune) souffre d'un ralentissement. Cet effet reflète bien le caractère irrépressible de la mise en correspondance entre une information perceptive (le mot) et une information sémantique (son sens).

Quels sont les processus psychologiques qui vont permettre cette mise en correspondance ? Les processus visuels, orthographiques, phonologiques et morphologiques vont être préalables à la récupération d'une représentation abstraite en mémoire. L'ensemble des connaissances stockées en mémoire vont être récupérées chaque fois que nous lisons un mot. En une fraction de seconde, notre cerveau va le reconnaître et accéder à son sens. Pour expliquer cette performance, Treisman (1960) a fait l'hypothèse de l'existence d'un lexique mental, un dictionnaire composé des différents types de connaissances (orthographiques, phonologiques, morphologiques, sémantiques et syntaxiques) associées à chaque mot, la taille du lexique mental d'un individu étant estimée à 60 000 mots. Cette conception qui présume l'existence de représentations linguistiques stockées pour chaque mot est remise en question par les modèles connexionnistes (Seidenberg & McClelland, 1989) qui considèrent les connaissances lexicales non pas de manière isolée mais plutôt comme des configurations d'activation entre les unités orthographiques, phonologiques et morphologiques d'un mot.

L'idée de représentations mentales des mots soulève un certain nombre de questions relatives à la notion de lexique mental. Possédons-nous un ou plusieurs lexiques mentaux ? Comment accède-t-on à ces lexiques ? Comment sont-ils organisés ?

3. ÉTAPES DE LA LECTURE ET NATURE DES REPRÉSENTATIONS MENTALES

3.1 Les étapes de la lecture

Lorsqu'un adulte lit un mot, il doit extraire les traits visuels des lettres qui le composent pour pouvoir le coder orthographiquement et phonologiquement avant d'accéder à sa signification. Comment se transmet l'information d'un niveau de traitement à l'autre ? Comment l'ensemble des modules visuel, orthographique, phonologique, morphologique et sémantique contribuent-ils à la capacité de lecture ?

L'organisation des différents niveaux de traitement peut être envisagée au travers d'une conception strictement **sérielle.** Selon ce type de conception, une information particulière va être traitée de manière exhaustive par un module (orthographique par exemple) avant d'être traitée par le module suivant (phonologique). Chaque représentation linguistique découle du niveau immédiatement inférieur. Parce que cette conception théorique suppose des aspects temporels trop contraignants, elle n'est plus d'actualité. Dans une conception dite **en cascade** (McClelland, 1979), les différents niveaux de traitement sont également considérés de manière autonome mais ils peuvent fonctionner en parallèle. Ainsi, le module N+1 peut commencer à traiter une information issue du module N sans attendre que ce dernier traitement soit complètement terminé. Enfin, dans une conception dite **interactive** (McClelland & Rumelhart, 1981 ; Rumelhart & McClelland, 1982), les niveaux de traitement supérieurs interagissent avec les niveaux de traitement immédiatement inférieurs. Ainsi, l'information sémantique communique avec les niveaux morphologiques, phonologiques et orthographiques, l'information morphologique va pouvoir se propager jusqu'aux niveaux phonologiques et orthographiques de la même manière que l'information phonologique va rétroagir sur le niveau orthographique. Cette conception envisage également des connexions bidirectionnelles entre les niveaux orthographiques et phonologiques. Le modèle illustré par la Figure 1.1 représente une transmission de l'information qui intègre les deux dernières conceptions : en cascade et de façon interactive. Cette représentation va servir de modèle directeur pour les différents chapitres de cet ouvrage.

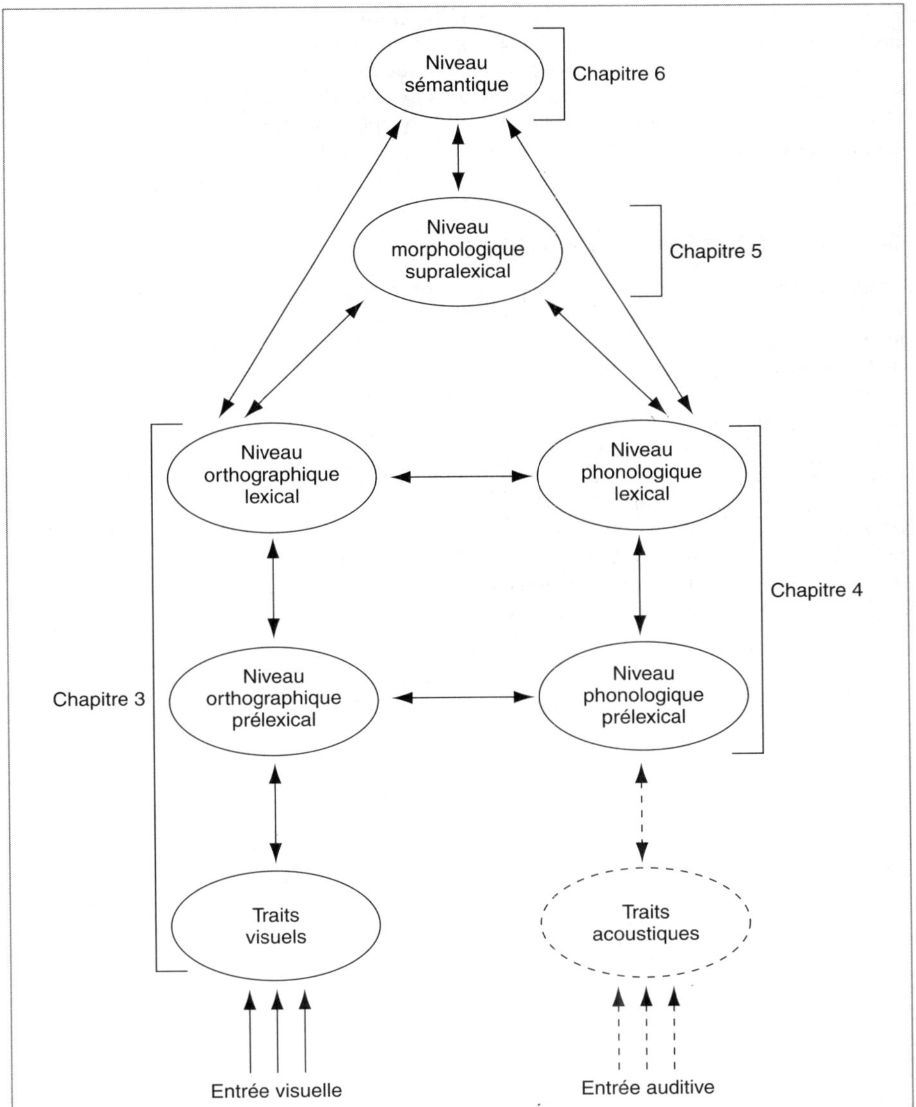

FIGURE 1.1
Modèle directeur du livre comprenant les principaux niveaux de traitements impliqués dans la lecture.

Ce modèle considère la transmission de l'information entre les différents niveaux de traitement en cascade et de façon interactive (McClelland, 1979 ; McClelland & Rumelhart, 1981 ; Grainger & Ferrand, 1996). Suivant ce modèle, les traitements supérieurs (morphologique et sémantique) n'ont pas besoin d'attendre que les traitements inférieurs (visuel, orthographique et phonologique) soient complètement terminés pour pouvoir se mettre en place. De plus, l'information issue des niveaux de traitement supérieur interagit avec les informations issues des niveaux de traitement inférieur.

3.2 Les représentations mentales

Quelle que soit la manière d'envisager le déroulement temporel de la transmission de l'information au cours de la lecture, la question de la nature des représentations mentales se pose. En effet, les représentations orthographiques, phonologiques, morphologiques et sémantiques sont-elles locales ou distribuées ? Autrement dit, les représentations mentales sont-elles organisées séparément ou sont-elles reliées entre elles ? La conception théorique classique considère ces représentations mentales comme étant **locales** et symboliques, c'est-à-dire organisées dans des lexiques différents. Elle considère ainsi l'existence d'un lexique pour chaque niveau de traitement. La conception alternative considère les différentes représentations mentales de manière **distribuée**, c'est-à-dire non stockées dans des lexiques spécifiques. Les différents niveaux de traitement sont connectés entre eux. Le mot est donc représenté mentalement par la configuration de l'ensemble des connexions. Ces deux conceptions diffèrent radicalement l'une de l'autre et ne sont toujours pas départagées à l'heure actuelle.

Résumé

Dans ce chapitre, la lecture a été définie comme une activité cognitive permettant d'identifier un mot en tant que forme orthographique ayant une signification.

Dans une première partie, nous avons distingué le langage parlé du langage écrit tout en considérant le langage écrit comme un moyen de représentation du premier. Nous avons également présenté l'évolution des différents systèmes d'écriture avant d'aborder la notion d'orthographe.

Dans une deuxième partie, nous avons présenté le mot comme unité principale de la lecture, en le considérant comme l'interface entre les processus de bas niveaux (perceptifs) et les processus de hauts niveaux (orthographique, phonologique, morphologique, sémantique et syntaxique). Nous avons vu que la principale question soulevée par la psychologie cognitive de la lecture était de savoir comment le lecteur accède à une information sémantique stockée en mémoire à partir d'une forme purement visuelle.

Enfin, la dernière partie nous a permis de présenter un modèle des principales étapes mises en jeu dans la capacité de lecture. Ce modèle considère la propagation de l'information de manière interactive et en cascade mais nous avons vu que d'autres modèles pouvaient la considérer de manière strictement sérielle ou en cascade sans interactivité entre les différents niveaux de traitement. Nous nous sommes également posé la question de la nature locale ou distribuée des représentations mentales. Alors que la conception classique les considère comme stockées dans un lexique mental isolé localement, une conception plus récente envisage la nature de ces représentations d'une manière plus distribuée et moins symbolique.

MOTS CLÉS

Pouvez-vous donner une définition de chacune des notions suivantes ?

- Langage parlé
- Langage écrit
- Système d'écriture
- Mot
- Lexique mental
- Traitement en cascade
- Traitement interactif
- Traitement sériel
- Représentations locales
- Représentations distribuées

DES QUESTIONS POUR MIEUX RETENIR

1. Décrivez les différences et les points communs entre le langage écrit et le langage parlé.
2. Comment Stroop a-t-il montré expérimentalement le caractère automatique, irrépressible et immédiat de la reconnaissance d'un mot écrit ?
3. Citez et décrivez les principaux systèmes d'écritures.
4. Qu'est ce qu'un lexique mental ?
5. Décrivez l'architecture fonctionnelle du schéma directeur du présent ouvrage. S'agit-il d'une architecture sérielle, en cascade ou interactive ?
6. Quelles sont les principales étapes de la lecture (de l'information visuelle à la signification) ?

Des lectures pour aller plus loin

Ferrand, L., & Grainger, J. (2004). *Psycholinguistique Cognitive.* Bruxelles : De Boeck Université, collection Neurosciences & Cognition.

Gaskell, G. (2007) (Ed.). *Oxford handbook of psycholinguistics.* Oxford : Oxford University Press.

Morais, J. (1994). *L'art de lire.* Paris : Odile Jacob.

Pinker, S. (1999). *L'instinct du langage.* Paris : Odile Jacob.

Segui, J., & Ferrand, L. (2000). *Leçons de parole.* Paris : Odile Jacob.

Snowling, M.J., & Hulme, C. (2005) (Eds.). *The science of reading : A handbook.* Blackwell Publishing.

Spinelli, E., & Ferrand, L. (2005). *Psychologie du langage. L'écrit et le parlé, du signal à la signification.* Paris : Armand Colin, collection Cursus.

CHAPITRE 2

Les différentes méthodes utilisées pour étudier la lecture

SOMMAIRE

INTRODUCTION

Les mécanismes mentaux impliqués dans la lecture n'étant pas observables directement, les psycholinguistes ont développé des techniques permettant de mesurer les performances des lecteurs au niveau comportemental. Les mesures typiques concernent l'enregistrement des temps de réaction et des erreurs face à une tâche donnée ; il s'agit de ***la Chronométrie Mentale*** *(Posner, 1986). D'autres approches permettent d'étudier la lecture.* ***La Neuropsychologie Cognitive*** *consiste à étudier les patients cérébro-lésés (Ellis & Young, 1988).* ***L'Imagerie Cérébrale****, plus récente, est très utilisée à l'heure actuelle. Elle consiste à mesurer l'activité électrique du scalp du cerveau ou le débit sanguin du lecteur (Dehaene, 1997). Enfin,* ***l'étude computationnelle*** *de la lecture consiste à modéliser et simuler les performances des lecteurs en faisant appel à l'implémentation sur ordinateur (McClelland & Rumelhart, 1988).*

1. LA CHRONOMÉTRIE MENTALE

Les mécanismes mentaux impliqués dans la lecture ne sont pas observables directement. Afin de les étudier et de mieux les comprendre, les psycholinguistes utilisent différentes techniques de chronométrie mentale. Le **temps de réaction** (mesuré en millisecondes) et la **précision** (mesurée en pourcentage d'erreurs ou de bonnes réponses) sont reconnus comme de bons indicateurs des processus cognitifs (Posner ; 1986). On suppose que le temps mis par le sujet pour répondre à la présentation d'un stimulus reflète le temps de traitement d'une opération cognitive. Des paradigmes de présentation originaux contrôlent la quantité d'informations dispensée au lecteur.

1.1 Les mouvements oculaires

Le déplacement des yeux lors de la lecture donne des indices sur les traitements réalisés. Emile Javal (1879) a été le premier à décrire les mouvements des yeux pendant la lecture. Il a indiqué que les yeux ne bougent pas continuellement sur le texte mais font des mouvements rapides, interrompus par de courtes pauses. Ces mouvements rapides sont communément appelés des **saccades**. Ils permettent de positionner le mot à lire sur la fovéa, cette partie de notre rétine où les informations sont les mieux perçues. L'information visuelle nécessaire à la compréhension d'un texte est traitée entre les saccades, lors de courtes pauses que l'on appelle des **fixations** pendant lesquelles les yeux restent immobiles quelques millisecondes (entre 200 et 300 ms).

Les variables dépendantes les plus communément recueillies sont la taille et la latence des saccades, le nombre et la durée des fixations, des régressions (les retours en arrière que nous effectuons lors de la lecture d'un texte) et la durée totale du regard.

La technique de la fenêtre mobile mise au point par McConkie et Rayner (1975), illustrée à la Figure 2.1 B, permet de modifier le texte en temps réel en fonction des mouvements oculaires du lecteur. La taille de la fenêtre de lecture est modulée, permettant ainsi une estimation sur la quantité d'informations que le lecteur peut analyser en une seule fixation. L'ordinateur reçoit une information sur la position du point de fixation du lecteur et contrôle l'affichage. Ainsi, seulement une partie du texte (la fenêtre) est visible et le reste du texte est caché par des « X ». La fenêtre se déplace de façon à ce qu'elle accompagne les mouvements oculaires du lecteur. Si la fenêtre est plus grande que l'empan perceptif, la lecture ne devrait pas être affectée. Cette technique a permis d'évaluer la taille de **l'empan perceptif** ou taille du champ visuel lors de la lecture (3 ou 4 lettres à gauche du point de fixation et de 14 ou 15 lettres à droite du point de fixation).

La technique du masque fovéal (voir Figure 2.1 C) a été mise au point par Rayner et Bertera (1979). Dans cette technique, un masque obscurcit la partie du texte fixée par le lecteur tandis que le reste du texte, de part et d'autre du point de fixation, reste normalement visible. Là aussi, la taille du masque peut être manipulée.

La technique des frontières (illustrée à la Figure 2.1 D), développée par Rayner (1975) est une autre variante de la technique de la fenêtre mobile. Elle permet de remplacer un mot cible- situé légèrement à gauche d'une frontière définie à l'avance par un autre mot (ou nonmot) lorsque les mouvements oculaires du lecteur traversent cette frontière.

A. Texte normal
Au cours de la lecture les mots sont fixés un par un.

B. Technique de la fenêtre mobile
XX XXXXX de la lecture les XXXX XXXX XXXXX XX XXX XXX
*

XX XXXXX XX XX XXXXXre les mots sont fXXXX XX XXX XXX
*

C. Technique du masque fovéal
Au cours de la XXXXXXX les mots sont fixés un par un.
*

Au cours de la lecturXXXXXXXs sont fixés un par un.
*

D. Technique des frontières
Au cours de la lecture les rats sont fixés un par un.
*

Au cours de la lecture les mots sont fixés un par un.
*

FIGURE 2.1
Exemples de la technique de la fenêtre mobile (B), de la technique du masque fovéal (C) et de la technique des frontières (D). En (A) est présentée la phrase normale. Le point de fixation est représenté par une étoile « * ».

1.2 La tâche de décision lexicale

Utilisée pour la première fois par Rubenstein, Garfield et Millikan (1970), cette tâche consiste pour le sujet à juger le plus rapidement et le plus correctement possible de l'appartenance d'une chaîne de caractères à sa langue. Dans une telle tâche, la moitié des mots présentés sont des mots (« TABLE ») et l'autre moitié des nonmots (« TOBLE »). Le sujet est évalué sur la base de son temps de réponse et du pourcentage d'erreurs réalisées. La fonction rapidité/précision (Posner, 1986) illustre le phénomène selon lequel le sujet va manipuler le degré d'importance alloué à chacune des variables dépendantes et osciller ainsi entre des réponses rapides mais moins précises et des réponses lentes et plus exactes. Bien que cette technique permette la manipulation de nombreux facteurs (orthographiques, phonologiques, sémantiques, etc.), le processus de décision OUI/ NON mis en jeu présente certains inconvénients, notamment en ce qui concerne l'influence que peuvent avoir la familiarité des stimuli et la consigne donnée sur les réponses des sujets.

1.3 La tâche de prononciation immédiate et différée

La tâche de prononciation immédiate, mise au point par Foster et Chambers (1973) demande aux sujets de prononcer le plus rapidement et le plus correctement possible un mot présenté à l'écran d'un ordinateur. Avec ce genre de tâche, il est difficile d'isoler les aspects de prononciation liés à la lecture à voix haute des aspects perceptifs liés à la lecture silencieuse.

La tâche de prononciation différée (Balota & Chumbley, 1985) permet de faire la distinction entre les deux types de processus confondus en lecture immédiate. Dans cette tâche, la réponse du sujet est différée à l'apparition d'un stimulus visuel. De cette façon, si un effet est observé dans la tâche de prononciation immédiate et non dans la tâche de prononciation différée, alors cet effet sera attribué aux processus d'identification et de perception relatifs à la lecture silencieuse (voir Monsell, Doyle, & Haggard, 1989).

1.4 Les tâches d'identification perceptive

Les tâches d'identification perceptive permettent de dégrader le stimulus visuel à traiter. La plus ancienne, développée par Howes et Salomon (1951) consiste à présenter au sujet un mot de façon à ce qu'il ne dispose pas du temps nécessaire pour en effectuer un traitement complet. Le sujet doit alors taper sur le clavier d'un ordinateur le mot présenté brièvement.

La technique plus récente du *démasquage progressif* (Grainger & Segui, 1990) présente en alternance un mot à identifier et un masque. Au fur et à mesure, le temps de présentation du mot augmente tandis que celui du masque diminue.

La technique de la *présentation fragmentée* (Snodgrass & Mintzer, 1993) consiste à ne présenter qu'une partie du mot puis à augmenter petit à petit l'information visuelle. Dans ces deux dernières tâches, le sujet doit appuyer sur un bouton dès qu'il pense avoir identifié le mot.

1.5 La tâche de catégorisation sémantique

Mise au point par Meyer et Ruddy (1973), cette tâche consiste pour le sujet à juger le plus rapidement et le plus correctement possible de l'appartenance d'un mot à une catégorie sémantique (i.e. le mot « rose » fait partie de la catégorie « FLEUR »). Les inconvénients concernent ici la difficulté à cliver les processus d'identification avec ceux impliqués dans le jugement sémantique mais aussi l'effet d'amorçage que peut avoir la présentation préalable de la catégorie sur le traitement de la cible. Les améliorations proposées à cette tâche par Forster et Shen (1996) concernent l'utilisation d'une seule catégorie sémantique au cours de l'expérience et l'analyse des essais négatifs uniquement (i.e. les essais où les mots n'appartiennent pas à la catégorie présentée).

1.6 La technique d'amorçage

Dans la technique d'amorçage, un premier stimulus (l'amorce) précède le stimulus que le sujet doit traiter (la cible). Cette technique permet de manipuler les différentes relations entre l'amorce et la cible et d'observer ainsi l'influence d'une telle manipulation sur le traitement de la cible (Evett & Humphreys, 1981). L'amorce peut être présentée avec un masque ou sans masque (Forster & Davis, 1984 ; Segui & Grainger, 1990). La technique d'**amorçage avec masquage** et une présentation très brève de l'amorce permettent de limiter l'utilisation de stratégies de la part du sujet. Dans ces conditions, la visibilité de l'amorce est réduite mais son traitement va laisser un effet résiduel qui va avoir une influence sur le traitement de la cible. L'influence d'une amorce donnée est alors comparée à l'influence d'une amorce neutre. La question est de savoir si le traitement de la cible est facilité ou inhibé par l'amorce. Cette technique permet de mesurer des processus automatiques et non conscients, différents des processus contrôlés pouvant se mettre en place dans une technique d'**amorçage sans masquage** (Posner & Snyder, 1975). Le Tableau 2.1 présente les différentes variantes de la technique d'amorçage rapide avec masquage.

La technique d'amorçage incrémental (Jacobs, Grainger & Ferrand, 1995) permet de définir clairement le rôle facilitateur ou inhibiteur de la cible. Ici, c'est l'intensité lumineuse ou la durée de présentation minimum qui servira de condition contrôle. Ainsi, l'amorce n'influence pas le traitement de la cible (point zéro). La durée ou l'intensité de l'amorce est augmentée graduellement. La direction et la taille des effets seront évaluées par la comparaison entre les temps de réaction en condition d'amorçage et le point zéro. Si les temps de réaction diminuent par rapport à ce point zéro, on parlera d'un effet facilitateur de l'amorce. Inversement, si les temps de réaction augmentent, on parlera d'un effet inhibiteur.

TABLEAU 2.1
Variantes de la technique d'amorçage avec masquage.

	Double masquage Evett & Humphreys (1981)		**Masquage proactif** Forster & Davis (1984)		**Masquage rétroactif** Perfetti *et al.* (1988)		
Masque	35 msec	####	500 msec	####	35 msec	char	Cible
Amorce	35 msec	chat	60 msec	chat	30 msec	CHAT	Masque 1
Cible	35 msec	CHAR	500 msec	CHAR		####	Masque 2
Masque	35 msec	####					

1.7 L'approche multi-tâche et la notion de recouvrement fonctionnel

Chacune des tâches utilisant la technique de la chronométrie mentale a ses avantages et ses inconvénients. Aucune n'est suffisante à elle-même et ne peut refléter directement les mécanismes mentaux. C'est pourquoi l'approche multi-tâche, c'est-à-dire la convergence des résultats obtenus à l'aide de différentes tâches est nécessaire. Si un effet observé dans une tâche de décision lexicale se retrouve dans une tâche d'identification perceptive et dans une tâche prononciation, alors on peut avancer que cet effet est le reflet d'un processus de lecture réel et non un effet spécifique à l'une des tâches. Ce dernier point reflète la notion de recouvrement fonctionnel proposée par Jacobs et Grainger (1994).

1.8 La méthode des facteurs additifs de Sternberg (1969)

Afin de localiser l'influence des différents phénomènes observés lors d'une tâche de lecture, Sternberg (1969) a développé la méthode des facteurs additifs. Cette méthode part du postulat que le traitement de l'information se fait de manière sérielle. En effet, elle considère que le traitement de l'étape B ne pourra se faire qu'une fois que le traitement de l'étape A sera terminé. Si deux facteurs influencent sélectivement deux étapes distinctes du traitement de l'information, alors les effets de ses deux facteurs sur le temps de réaction seront additifs.

Dans ce cadre d'inférence, on considère que si deux facteurs ont des effets additifs sur le temps de réaction, il est probable qu'ils affectent des étapes différentes de traitement. A l'opposé, si les effets de ces facteurs interagissent, on considère qu'ils affectent une même étape de traitement. Toutefois, certains chercheurs ne sont pas en accord avec cette conception et considèrent la transmission de l'information comme se faisant de manière discrète, en cascade (McClelland, 1979).

2. L'ÉTUDE DES LÉSIONS CÉRÉBRALES

La neuropsychologie cognitive se propose d'étudier les patients cérébro-lésés. C'est une discipline récente qui se distingue de la neurologie classique en ce sens qu'elle met en relation les désordres neuropsychologiques observés sur des patients aux modèles du fonctionnement normal. (Ellis & Young, 1988). Elle privilégie l'étude de cas uniques plutôt que l'étude de plusieurs patients (Shallice, 1988). La démarche de la neuropsychologie cognitive est d'appliquer les modèles théoriques élaborés sur la base du fonctionnement normal de l'être humain aux perturbations des patients cérébro-lésés dans le but de valider ou d'invalider ces modèles. En effet, un modèle voué à rendre compte du fonctionnement d'une activité cognitive doit pouvoir rendre compte aussi bien des données obtenues chez les sujets sains que des données obtenues chez les patients cérébro-lésés.

Un des concepts importants utilisés en neuropsychologie cognitive est le concept de **double dissociation.** Une double dissociation correspond à la préservation d'une performance donnée alors qu'une autre est altérée. La logique de la neuropsychologie cognitive tire de ces observations que les deux performances concernées font appel à des processus cognitifs distincts. Par exemple, si un patient X lit parfaitement des nonmots mais rencontre des difficultés à lire des mots irréguliers alors qu'un patient Y lit parfaitement des mots irréguliers mais rencontre des difficultés lors de la lecture de nonmots, alors on peut dissocier fonctionnellement les processus supportant chacune des tâches. Ainsi, l'observation d'une telle dissociation permet de conclure que la lecture de nonmots et la lecture de mots irréguliers font appel à deux voies de traitement différentes, rejoignant ainsi le modèle à deux routes de la lecture (Coltheart *et al.*, 2001).

3. L'IMAGERIE CÉRÉBRALE

Plusieurs techniques permettent d'observer l'activité cérébrale au moment où elle se produit. Parmi ces techniques on retrouve les Potentiels Electriques Evoqués (PEV), la Tomographie par Emission de Positons (PET), l'Imagerie Fonctionnelle par Résonnance Magnétique (IRMf) et la Magnéto-Encéphalographie (MEG).

La technique des **PEV** permet de mesurer l'activité électrique du cerveau pendant la réalisation d'une tâche au moyen d'électrodes placées sur le cuir chevelu. Les variations d'activités observées sont amplifiées afin d'obtenir des ondes cérébrales. Ces ondes sont définies par une polarité positive ou négative ainsi que par leur moment d'apparition par rapport à la présentation du stimulus. Cette technique non traumatique et simple d'utilisation dispose d'une résolution temporelle de l'ordre de la milliseconde mais sa résolution spatiale est relativement faible. Elle est notamment utilisée en vue de tester les différents modèles de lecture (Barber & Kutas, 2007).

La **TEP** consiste à visualiser les zones d'activation cérébrale au moyen d'un traceur radioactif injecté au sujet par intraveineuse. Les zones du cerveau en activité présentant une augmentation du débit sanguin, on s'attend à une augmentation de la concentration du traceur dans les zones concernées. Les niveaux d'activité des différentes zones se traduisent par des différences de couleur. Cette technique présente comme avantage une très bonne résolution spatiale mais sa résolution temporelle est faible.

L'**IRMf** permet également de visualiser le cerveau en activité. Cette technique permet d'obtenir des images tridimensionnelles en exploitant les propriétés magnétiques de l'hémoglobine qui évoluent selon le taux d'oxygénation du cerveau. En plus d'une bonne résolution temporelle, l'IRMf bénéficie d'une très bonne résolution spatiale.

La **MEG** est une technique qui enregistre les champs magnétiques induits par l'activité cérébrale à l'aide de capteurs disposés dans un casque sous lequel on place le sujet. Bien que coûteuse et disposant d'une faible résolution spatiale, cette technique présente de nombreux avantages. En effet, cette technique non invasive bénéficie d'une très bonne résolution temporelle. De plus, les champs magnétiques sont plus fidèles de l'activité cérébrale que ne le sont les signaux électriques.

Bien que relativement récentes, ces techniques peuvent être utilisées afin d'étudier l'activité cérébrale mise en jeu au cours de la lecture et présentent d'ores et déjà des résultats encourageants.

4. L'APPROCHE COMPUTATIONNELLE

L'approche computationnelle, appelée également approche connexionniste, offre la possibilité de simuler des modèles théoriques de la lecture (McClelland & Rumelhart, 1988). L'utilité d'une telle démarche réside dans plusieurs points. Tout d'abord, elle permet de tester la cohérence interne d'un modèle, offrant ainsi la possibilité de départager des modèles en compétition. Aussi, elle exige de la part du chercheur une formulation explicite des hypothèses et peut permettre de dégager de nouvelles interprétations. Dijkstra et de Smedt (1996) illustrent dans la Figure 2.2 la démarche adoptée par la modélisation computationnelle.

Cette approche suppose le respect de certaines contraintes. Tout d'abord, elle n'a de sens que si les données empiriques sont mises en relation avec les simulations. Aussi, il est important de garder à l'esprit que, pour être valide, c'est le modèle qui doit être confronté aux données empiriques et non l'inverse.

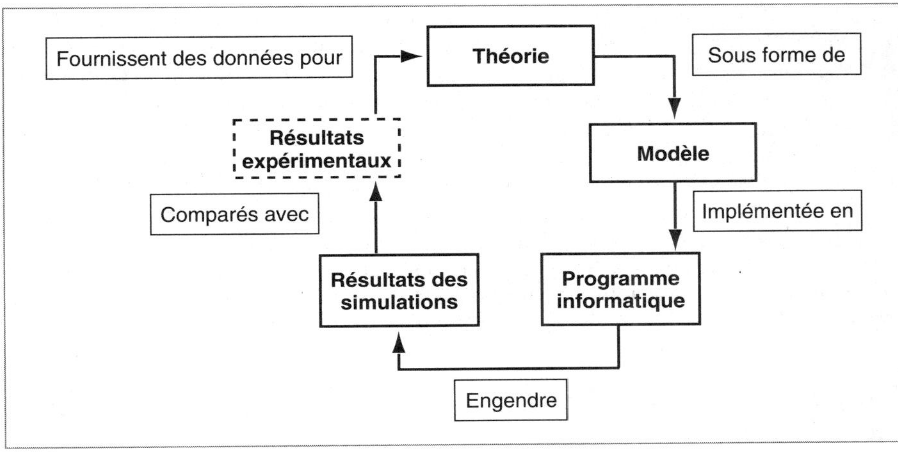

FIGURE 2.2
Cycle empirique de la modélisation computationelle selon Dijkstra & de Smedt (1996).

RÉSUMÉ

Dans ce chapitre, nous avons abordé différentes méthodes pouvant être utilisées dans le cadre de l'étude de la lecture. La chronométrie mentale permet d'inférer le fonctionnement des processus mentaux sur la base des temps de réaction et les pourcentages d'erreurs.

L'enregistrement des mouvements oculaires a permis de révéler que nous réalisons des saccades au cours de la lecture pendant lesquelles notre œil est aveugle, l'information visuelle étant extraite seulement pendant les fixations. La tâche de décision lexicale consiste à demander au lecteur de décider si la suite de lettres présentée constitue un mot de sa langue ou non. Elle permet de manipuler les caractéristiques physiques et linguistiques des stimuli. La tâche de lecture à voix haute permet d'étudier le transcodage orthographe/phonologie. La tâche d'identification perceptive consiste à présenter très brièvement un mot dégradé visuellement et à voir l'influence d'une telle manipulation sur les temps d'identification et les pourcentages d'identifications correctes. Dans la tâche de catégorisation sémantique, le lecteur doit définir si un mot appartient ou non à une catégorie sémantique donnée. Enfin, avec la technique de l'amorçage, les sujets sont confrontés à deux stimuli (l'amorce et la cible) et ne doivent traiter que le second. Cette technique permet de manipuler les relations entre l'amorce et la cible à tous les niveaux de traitement.

Résumé (suite)

Toutes ces techniques possèdent leurs propres avantages et inconvénients et l'approche multi-tâche suggère d'utiliser plusieurs techniques afin d'obtenir une convergence des résultats.

La neuropsychologie cognitive permet de mettre en relation les observations des patients cérébro-lésés avec les modèles du fonctionnement de l'être humain sain.

Nous avons vu que des techniques d'imagerie cérébrale récentes peuvent préciser l'anatomie des processus mentaux impliqués dans la lecture.

Enfin, l'approche computationnelle permet de formaliser les modèles de la lecture afin de simuler les résultats expérimentaux.

MOTS CLÉS

Pouvez-vous donner une définition de chacune des notions suivantes ?

- Chronométrie mentale
- Amorçage avec ou sans masquage
- Décision lexicale
- Potentiels évoqués électriques (PEV)
- Identification perceptive
- Imagerie Fonctionnelle par Résonnance Magnétique
- Simulations
- Doubles dissociations
- Prononciation immédiate et différée
- Magnéto-Encéphalographie

DES QUESTIONS POUR MIEUX RETENIR

1. Qu'est ce que la chronométrie mentale ?
2. Quelle est la différence entre une fixation et une saccade oculaire ?
3. Quelle est la principale différence entre une tâche de prononciation différée et une tâche de prononciation immédiate ?
4. Qu'est ce que l'amorçage ?
5. En quoi consiste la tâche de catégorisation sémantique ?
6. Qu'est ce que l'approche multi-tâche et la notion de recouvrement fonctionnel ?
7. En quoi consiste l'étude des lésions cérébrales en neuropsychologie cognitive ?
8. Quelles sont les principales techniques d'imagerie cérébrale ? Quels sont leurs avantages et leurs inconvénients ?
9. Quel est l'intérêt de l'approche computationnelle en psychologie ?

Des lectures pour aller plus loin

Dehaene, S. (1997). *Le cerveau en action : Imagerie cérébrale en psychologie cognitive.* Paris : Presses Universitaires de France.

Ellis, R., & Humphreys, G.W. (1999). *Connectionist psychology.* Hove : Psychology Press.

Ferrand, L., & Segui, J. (2001). La perception subliminale. *Pour la Science, 280,* 42-47.

Haberlandt, K. (1994). Methods in reading research. In M.A. Gernsbacher (Eds.), *Handbook of Psycholinguistics*. New York : Academic Press.

Lemaire, P. (1999). *Psychologie Cognitive*. Bruxelles : De Boeck Université.

Posner, M.I., & Raichle, M.E. (1998). *L'esprit en images.* Bruxelles : DeBoeck Université.

Rayner, K., B.J. Juhasz, & Pollatsek, A. (2005). Eye movements during reading. In M.J. Snowling & C. Hulme (Eds.), *The science of reading : A handbook* (pp. 79-98). Blackwell Publishing.

CHAPITRE 3

Le codage visuel et orthographique

SOMMAIRE

INTRODUCTION

Comment le lecteur reconnaît-il les mots écrits ? Quelles sont les informations permettant au système cognitif d'accéder à la capacité de lecture ? Besner et Johnston (1989) citent un de leurs collègues physiciens : « Eh bien, vous voyez juste le mot et puis vous le reconnaissez ». Tout le problème est de comprendre comment nous « voyons » et comment nous « reconnaissons » les mots. Nous aborderons dans cette section les différentes informations visuelles et orthographiques nécessaires à la reconnaissance des mots écrits. A l'heure actuelle, la position dominante est de considérer que l'identité abstraite des lettres constitue l'unité de base de la reconnaissance des mots écrits.

1. EFFETS VISUELS ET PERCEPTIFS

1.1 La forme globale des mots

La forme globale d'un mot correspond à l'ensemble des traits visuels qui le composent. Elle a longuement été considérée comme unité de base de la lecture (Healy & Cunningham, 1992). Bouma (1971) a défini la forme globale d'un mot écrit en minuscules à travers un ensemble de lettres montantes (« b », « d », « f », « h », « k », « l », et « t »), descendantes (« g », « j », « p », « q », et « y ») et neutres (« a », « c », « e », « i », « m », « n », « o », « r », « s », « u », « v », « w », « x » et « z »).

Plusieurs arguments ont été avancés en faveur d'une reconnaissance holistique du mot au cours de la lecture, c'est à dire une reconnaissance via sa forme globale. La forme globale dépend de la forme et de la taille de la typographie utilisée. EN EFFET, LA FORME GLOBALE DISPARAIT LORSQUE LE TEXTE EST ECRIT EN MAJUSCULES. Ainsi, il a été montré que les mots écrits en majuscules, plus difficilement discriminables, sont lus plus lentement que les mots écrits en minuscules (Fisher, 1975). Une baisse des performances de lecture est également observée lorsque les mots présentés aux sujets alternent les lettres mAjUsCuLeS et MiNuScUlEs (voir Mayall, Humphreys & Olson, 1997, pour une synthèse). Un dernier argument en faveur du rôle de la forme globale vient de l'étude de détections d'erreurs au cours de la lecture de textes (Haber & Schindler, 1981). Dans ces expériences, les mots erronés présentés aux sujets peuvent conserver la forme globale originale du mot (par exemple, « tesf » pour « test ») ou bien l'altérer (par exemple « tesc » pour « test »). Les résultats montrent une proportion d'omissions d'erreurs deux fois plus importante lorsque les mots erronés conservent la forme globale du mot original.

Toutefois, ces résultats peuvent aisément être expliqués par les tenants d'une position selon laquelle l'information importante au cours de la lecture d'un mot concerne l'identité abstraite des lettres qui le constituent. Cette conception considère que la forme globale ne joue aucun rôle dans la lecture et que les représentations sont indépendantes de la typographie. Selon Besner & Johnston (1989), il n'est pas surprenant d'observer des temps de lecture plus importants pour les textes écrits en majuscules dans la mesure où les lecteurs sont plus familiers avec la lecture de textes écrits en minuscules. Mayall *et al.*, (1997) ont montré que l'alternance majuscule/minuscule modifie autant la forme globale du mot que ce qu'elle affecte la discriminabilité des lettres individuelles. Ces auteurs ont manipulé la présentation typographique (aLtErNéE vs minuscules) ainsi que l'espacement des lettres (sans espaces vs. avec e s p a c e) des mots présentés. Les résultats révèlent des temps de lecture plus élevés pour les mots présentés de façon alternée. Aussi, les temps de lecture plus importants pour les mots présentés avec un espace ne s'observent que pour les mots présentés de façon alternée. Si la forme globale jouait un rôle, l'effet de l'espacement aurait dû se retrouver également pour les mots présentés en minuscules. Les auteurs concluent que la présentation alternée engendre en réalité un regroupement inapproprié des lettres majuscules et/ou des lettres minuscules entre elles. Ces résultats laissent également envisager que la présentation alternée engendre un masquage latéral des lettres minuscules par les lettres majuscules.

Ces résultats suggèrent fortement que la forme globale ne joue aucun rôle dans la lecture (voir Perea & Rosa, 2002) et mènent à rejoindre la position dominante actuellement qui est de considérer que l'identité abstraite des lettres constitue l'unité de base de la perception des mots écrits (Paap, Newsome, McDonald & Schvaneveldt, 1982).

1.2 Le codage des lettres et de leurs positions

Les systèmes d'écriture alphabétiques peuvent être décrits grâce à un ensemble traits visuels distinctifs, tels que les traits verticaux, horizontaux, les courbes, etc.

Au cours de la reconnaissance d'un mot écrit, il ne suffit pas au lecteur d'identifier les lettres qui le composent. En effet, l'information correspondant à leur position dans le mot doit également être codée. C'est ce codage spécifique des lettres et de leur position qui permet notamment de distinguer des anagrammes (par exemple, LION – LOIN).

Peressotti et Grainger (1999) ont soumis leurs sujets à une tâche de décision lexicale en utilisant la technique de l'amorçage avec masquage. Pour la décision lexicale d'un mot cible de 6 lettres (« balcon » : 123456), les amorces qui conservent la position relative (« blcn » : 1346) entraînent une facilitation par rapport aux amorces non reliées (« dddd »). Aussi, les amorces qui conservent la position absolue (« b-lc-n » : 1-34-6) ne facilitent pas plus que les amorces qui conservent la position relative.

Grainger et Van Heuven (2003) ont montré que les décisions lexicales concernant des mots de 7 lettres (par exemple « silence » : 1234567) sont facilitées par des amorces qui conservent la position de la première, de la dernière et des trois lettres du milieu (« slene » : 13457) par rapport à des amorces non reliées mais aussi par rapport à des amorces qui conservent la position de la première et de la dernière lettre mais qui présentent les trois lettres du milieu dans un ordre différent (« snele » : 15437).

Assche et Grainger (2006) ont crée des amorces plus longues que les cibles en rajoutant des lettres (par exemple « forrtune »-« FORTUNE). Cette manipulation a permis de diminuer le degré de contiguïté des lettres. Les résultats montrent que les amorces qui contiennent une ou deux lettres supplémentaires facilitent autant que les amorces répétées. Aussi, les répétitions déplacées (« fourtune ») et les insertions de lettres (« foartune ») facilitent de la même manière le traitement de la cible. Il suffit donc que toutes les lettres de la cible soient présentes dans l'amorce et ce, dans le bon ordre, pour accéder à la reconnaissance du mot écrit.

1.3 La visibilité des lettres et la position optimale du regard

L'acuité visuelle se dégrade à l'intérieur même de la fovéa, et les lettres de part et d'autre du point de fixation sont moins visibles. Le phénomène de masquage latéral réduit encore plus la qualité de l'information visuelle (Bouma, 1970). Ce phénomène est représenté par le fait que la reconnaissance d'une lettre est très facile lorsqu'elle est présentée de façon isolée (« a ») mais devient plus difficile lorsqu'elle est entourée par des lettres similaires (« eae »). La première et la dernière lettre d'un mot sont très faciles à identifier car elles sont contiguës à un espace blanc. Selon O'Regan (1992), il existe une position optimale de l'œil dans le mot, la position optimale du regard (OVP) qui permet de reconnaître le plus de lettres possibles en une seule fixation. Les principaux travaux (voir Nazir, O'Regan, & Jacobs, 1998, pour une synthèse) montrent que lorsque la position de la première fixation est proche du centre du mot, la probabilité de refixation ainsi que la durée du regard sur le mot sont moindres.

Les données empiriques suggèrent que l'OVP est localisée légèrement à gauche du centre du mot (O'Regan & Jacobs, 1992). Clark et O'Regan (1999) ont montré que les contraintes orthographiques pouvaient rendre compte du phénomène de la position optimale du regard. Pour chaque mot présenté aux sujets, la position optimale du regard correspond au degré d'ambiguïté minimum. Cet indice correspond à la probabilité que le mot lu partage des lettres avec d'autres mots susceptibles d'entrer en compétition. La Figure 3.1 donne un exemple de l'indice d'ambiguïté du mot « undergraduate » selon que le point de fixation soit au centre ou au centre gauche du mot.

Plus le mot partage de lettres avec d'autres mots, plus son indice d'ambiguïté est élevé et plus son identification en est ralentie. Cette mesure considère que seules la première, la dernière lettre du mot et les deux lettres adjacentes au point de fixation sont visibles. Ainsi, il est possible de diminuer l'ambiguïté d'un mot rien qu'en positionnant son œil de façon optimale. Les contraintes orthographiques semblent donc déterminer l'OVP.

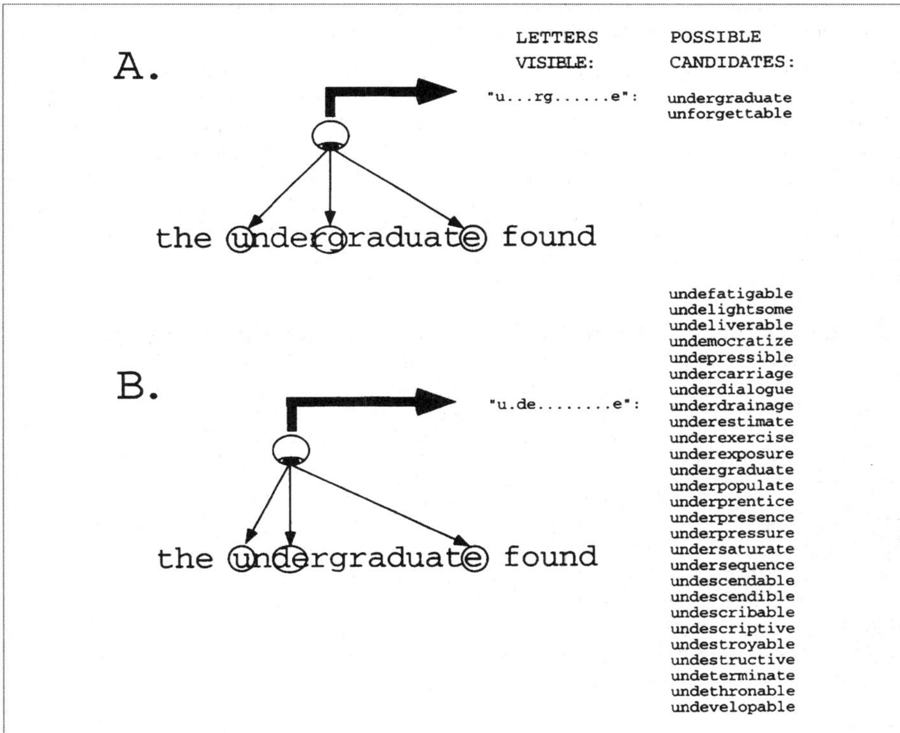

FIGURE 3.1

Illustration de la visibilité des lettres lorsque l'œil fixe en A. le centre du mot « undergraduate » et en B. le début du mot « undergraduate ». D'après Clark et O'Regan (1999).

1.4 L'effet de supériorité du mot

1.4.1 L'effet de supériorité classique mot/lettre et mot/nonmot

Cattell (1886) montra que les mots sont mieux identifiés que des suites de lettres aléatoires de même longueur. Reicher (1969) a mis au point une technique de choix forcé. Tout d'abord, une cible masquée est présentée au sujet. Cette cible peut être un mot (WORD), une lettre (D) ou un nonmot (OWRD). Ensuite, le sujet doit choisir parmi deux lettres celle qui appartenait à la cible. Dans la condition mot, les deux lettres peuvent former un mot. Reicher (1969) a ainsi pu mettre en évidence deux effets principaux. L'effet de supériorité mot/lettre révèle que les lettres sont mieux identifiées lorsqu'elles sont présentées dans un mot plutôt que lorsqu'elles sont présentées de façon isolée. L'effet de supériorité mot/nonmot révèle quant à lui que les lettres sont mieux identifiées lorsqu'elles ont été rencontrées dans des mots plutôt que dans des nonmots. Ainsi, nos connaissances lexicales concernant la structure des mots influencent directement notre perception des lettres. Bien qu'il ait été répliqué de nombreuses fois, cet effet disparaît lorsque la position de la lettre cible est spécifiée à l'avance et que la consigne demande explicitement aux sujets de fixer cette position (Johnston & McClelland, 1974). Cette dernière observation révèle certainement la présence d'une composante attentionnelle au sein de l'effet de supériorité du mot. Il a également été montré que la présence d'un post-masque visuel contribue largement à l'effet de supériorité du mot (Johnston & McClelland, 1973).

1.4.2 L'effet de supériorité pseudomot/lettre et pseudomot/nonmot

Un pseudomot est un mot qui ne fait pas partie de la langue française mais qui est prononçable (par exemple, « MAVE »). L'effet de supériorité pseudomot/nonmot consiste en une meilleure identification de la lettre quand elle est présentée dans un pseudomot que lorsqu'elle est présentée dans un nonmot (Baron & Thurston, 1973). L'effet de supériorité pseudomot/lettre révèle quant à lui une meilleure identification de la lettre quand elle est présentée dans un pseudomot que lorsqu'elle est présentée de façon isolée (McClelland & Johnston, 1977).

Rumelhart et McClelland (1982) ont montré que l'effet de supériorité du pseudomot ne pouvait pas être expliqué sur la base de régularité orthographique ou de la prononçabilité des stimuli. En effet, les auteurs ont montré que des stimuli très similaires à des mots réels mais orthographiquement irréguliers et imprononçables (« SPCT ») produisent un effet de supériorité équivalent à celui observé avec des stimuli réguliers et prononçables (« SLET »).

2. EFFETS PRÉLEXICAUX

2.1 Les effets syllabiques

2.1.1 Les effets syllabiques en lecture silencieuse

Spoehr et Smith (1973) ont montré que la syllabe joue un rôle important dans l'identification visuelle des mots. En effet, les pourcentages d'identification correcte de mots de 5 lettres sont plus élevés lorsque ces mots sont composés d'une seule syllabe que lorsqu'ils sont composés de deux syllabes. Ferrand et New (2003a) ont montré dans une étude réalisée en français que cet effet du nombre de syllabe se restreignait aux mots de basse fréquence lexicale. Prinzmetal, Treiman et Rho (1986) ont mené une étude ingénieuse dans laquelle les sujets devaient indiquer la couleur d'une lettre cible apparaissant au milieu d'un mot bisyllabique. Selon la structure syllabique du mot, cette lettre centrale pouvait correspondre à la dernière lettre de la première syllabe (VODKA) ou à la première lettre de la deuxième syllabe (TODAY). Le mot était écrit de deux couleurs différentes et le changement de couleur pouvait correspondre à la frontière syllabique (**VOD**KA) ou ne pas y correspondre (**TOD**AY). Les erreurs systématiques d'identification de la couleur de la lettre centrale suggèrent que les sujets regroupent les lettres en unités syllabiques. Cet effet a également été observé avec des pseudomots, témoignant ainsi de sa nature prélexicale et pour des durées très courtes de présentation, témoignant ainsi de l'absence de biais conscients de la part du sujet (Prinzmetal, 1990).

2.1.2 Les effets syllabiques en prononciation

La langue française dispose d'une structure syllabique régulière et de frontières claires. C'est sur cette propriété que se sont appuyés Ferrand, Segui et Grainger (1996) pour étudier le rôle de la syllabe dans la lecture à voix haute. Les auteurs ont sélectionné des mots ayant la même séquence initiale de phonèmes mais des syllabes initiales différentes (BALADE-BALCON). La lecture à voix haute du mot BALCON est accélérée lorsqu'il est précédé de la cible BAL par rapport à la condition où il est précédé de la cible BA. La prononciation du mot BALADE est quant à elle facilitée par la présentation préalable de la cible BA. Cet effet révèle le rôle central joué par la syllabe dans la lecture à voix haute. Il a été observé sur des mots bisyllabiques, trisyllabiques et des pseudomots.

2.2 Les effets infrasyllabiques

Les unités infrasyllabiques sont des unités plus petites que la syllabe telles que la lettre, le graphème, l'attaque ou encore la rime.

2.2.1 Le rôle des lettres

L'effet potentiel du nombre de lettres dans la lecture silencieuse d'un mot est très difficile à étudier car il est fortement corrélé avec d'autres mesures telles que le nombre de phonèmes et de syllabes, variables elles-mêmes corrélées avec le nombre de voisins orthographiques ou la fréquence lexicale. New *et al.* (2006) ont mis en évidence un effet facilitateur du nombre de lettres pour les mots de 3 à 5 lettres, un effet nul pour les mots de 5 à 8 lettres et un effet inhibiteur pour les mots de 8 à 13 lettres.

2.2.2 Le rôle des graphèmes

Un graphème est défini comme la représentation écrite d'un phonème. Si le nombre de phonèmes contenus dans un mot est par définition égal au nombre de graphèmes, le nombre de lettres contenues dans un mot est indépendant du nombre de graphèmes. En effet, il existe des graphèmes simples composés d'une seule lettre et des graphèmes complexes composés de deux lettres. Par exemple, la lettre A est un graphème simple dans le mot GLASS et la paire de lettres EA est un graphème complexe composé de deux lettres (E + A) dans le mot BEACH. Parce que les lettres individuelles ne codent pas directement la phonologie, les graphèmes permettent une mise en correspondance plus directe entre l'orthographe des mots et leur phonologie. Les graphèmes semblent constituer des unités importantes de la lecture silencieuse. Ils correspondraient à des associations récurrentes entre des configurations orthographiques et phonologiques mises en place au cours de l'apprentissage de la lecture.

Rastle et Coltheart (1998) ont montré que le temps de prononciation était plus long pour les nonmots de 5 lettres composés de 3 graphèmes (par exemple FOOTH (/fuf/) que pour les nonmots de 5 lettres composés de 5 graphèmes (par exemple FROLP (/frolp/). Ces résultats suggèrent que le groupement des lettres individuelles en graphèmes complexes au cours de la lecture requiert un temps de traitement supplémentaire correspondant à la résolution d'un conflit entre le niveau des lettres isolées et le niveau des graphèmes.

2.2.3 Le rôle de l'attaque et de la rime

La syllabe (par exemple « BAL ») peut être décomposée en deux unités primaires que sont **l'attaque** et **la rime**. La première consonne d'une syllabe ou le groupement de consonnes initiales d'une syllabe constitue l'attaque (« B ») alors que les voyelles et consonnes suivantes de la syllabe constituent la rime (« AL »). La rime peut elle-même être décomposée en noyau vocalique (la voyelle) et en coda (les consonnes finales).

Dans une tâche de résolution d'anagrammes, Treiman et Chafetz (1987) ont présenté aux sujets des groupements de lettres comme FL OST ANK TR. Les sujets devaient déterminer si deux des suites de lettres pouvaient se combiner pour former un mot. Dans une condition, les deux parties du mot pouvant être formé (FLANK dans cet exemple) étaient coupées entre l'attaque et la rime (FL et ANK). Dans une seconde condition, la coupure entre les fragments du mot ne correspondait pas à l'attaque et à la rime (FLA et NK). Les résultats montrent que les sujets répondent plus vite lorsque la coupure entre les fragments du mot correspond à la coupure entre l'attaque et la rime. Les auteurs ont obtenu des résultats similaires dans une tâche de décision lexicale, avec des mots et des nonmots, révélant ainsi le caractère infralexical de cet effet. Lorsque la rime de l'amorce est identique à celle de la cible, l'effet de la rime ne semble pas réductible à un effet purement phonologique puisqu'il n'est pas obtenu lorsque l'amorce ne partage pas la même orthographe (Bowey, 1993).

3. EFFETS LEXICAUX

3.1 L'effet de la fréquence d'occurrence

La fréquence est une mesure objective qui estime le nombre de fois qu'un lecteur a rencontré un mot donné en se basant sur l'estimation du nombre de fois qu'un mot apparaît dans un corpus de textes variés comprenant plusieurs millions de mots. En français, la base de données lexicales LEXIQUE (New, Pallier, Ferrand & Matos, 2001 ; http://www.lexique.org) repose sur 31 millions de mots tirés de 3200 textes (essentiellement des romans) publiés entre 1950 et 2000.

De nombreux travaux ont mis en évidence un effet très connu en psycholinguistique : **l'effet de fréquence**. Cet effet consiste à reconnaître plus facilement un mot rencontré plus fréquemment dans la langue écrite qu'un mot rencontré moins souvent (voir Andrews & Heacothe, 2001, pour une synthèse). L'effet de fréquence a été observé autant sur les mots de la classe ouverte (les noms, les adjectifs et les verbes) que sur les mots de la classe fermée (les pronoms, les articles, les déterminants, etc.). Il a également été obtenu dans plusieurs langues et à travers de nombreuses tâches telles que : la tâche de décision lexicale, la tâche d'identification perceptive, la tâche de prononciation, l'enregistrement des mouvements des yeux, la tâche de catégorisation sémantique.

Les données issues des études menées en imagerie cérébrale ont révélé la précocité de l'effet de fréquence dans la reconnaissance des mots écrits. Il semble intervenir dès les premières 200 ms de traitement (voir Dambacher, Kiegl, Hofmann & Jacobs, 2006).

3.1.1 Localisation de l'effet de fréquence : identification lexicale ou processus décisionnel ?

A. *Hypothèse post-lexicale de Balota et Chumbley (1984)*

Balota et Chumbley (1984) ont suggéré que la fréquence joue un rôle dans les processus ayant lieu après l'identification lexicale. Les auteurs ont étudié l'effet de fréquence en lecture silencieuse dans une tâche de catégorisation sémantique et dans une tâche de décision lexicale. Notons que ces deux tâches requièrent un processus d'identification lexicale et diffèrent seulement par la composante décisionnelle spécifique à la tâche de décision lexicale. L'effet de fréquence obtenu est significatif dans la tâche de décision lexicale mais non significatif en catégorisation sémantique. Selon les auteurs, l'effet de fréquence est lié aux processus décisionnels intrinsèques à la tâche de décision lexicale.

Dans une tâche de prononciation différée au cours de laquelle le sujet devait prononcer le mot après un délai variable (0 msec, 150 msec, 400 msec, 650 msec, 900 msec, 1150 msec et 1400 msec), Balota et Chumbley (1985) ont observé que l'effet de fréquence n'était pas aussi grand qu'en prononciation immédiate, mais qu'il restait bel et bien significatif pour tous les délais. Autrement dit, même après que l'étape d'identification du mot soit terminée, l'effet de fréquence est toujours présent. Sur la base de ces résultats, les auteurs font une localisation post-lexicale de l'effet de fréquence en prononciation, et plus particulièrement au niveau de la production articulatoire.

B. *Preuves en faveur de la localisation de la fréquence au niveau du processus d'identification*

Monsell, Doyle et Haggard (1989) ont comparé les effets de fréquence dans une tâche de décision lexicale et dans une tâche de catégorisation sémantique. Dans cette dernière tâche, une seule catégorie sémantique est utilisée de façon à ce que le sujet réponde de façon binaire, comme en décision lexicale. Dans ces conditions, Monsell *et al.* (1989) montrent un effet de fréquence de taille comparable dans les deux tâches. Dans une seconde expérience, Monsell *et al.* (1989) ont relevé la présence d'un effet de fréquence dans une tâche de catégorisation syntaxique (décider si le mot présenté est un nom ou un adjectif), suggérant ainsi que l'effet de fréquence influence bien le processus d'identification lexicale.

Selon Monsell *et al.* (1989), cette variation dans la taille de l'effet selon les tâches réside dans la prise en compte de deux routes possibles permettant l'accès à la reconnaissance d'un mot écrit (Coltheart, Curtis, Atkins, & Haller, 1993) : une *route lexicale* et une *route non lexicale*. La route lexicale est sensible à la fréquence et conduit à la récupération directe dans le lexique mental de la représentation orthographique et phonologique du mot. La route non lexicale est quant à elle insensible à la fréquence puisqu'elle utilise des règles de correspondance graphèmes-phonèmes qui permettent de prononcer des mots comme des nonmots (voir chapitre 4 pour une description détaillée des deux routes). Dans la tâche de décision lexicale, le sujet doit obligatoirement emprunter la route lexicale pour pouvoir décider si ce mot fait ou non partie de sa langue. Dans la tâche de prononciation, le sujet n'a pas besoin d'accéder à la représentation lexicale du mot écrit pour pouvoir le prononcer et peut donc emprunter la route non lexicale. Ainsi, alors qu'une seule route est possible en décision lexicale, les deux routes sont empruntables en prononciation. C'est l'utilisation de ces deux routes en prononciation qui atténuerait la taille de l'effet de fréquence (Forster & Chambers, 1973 ; Monsell *et al.*, 1989).

Monsell *et al.* (1989) ont comparé l'effet de fréquence en décision lexicale et en prononciation en forçant les sujets à utiliser la route lexicale de prononciation. Pour ce faire, les auteurs ont inséré dans leur matériel des mots anglais irréguliers devant être prononcés via la route lexicale pour éviter les erreurs de prononciation. Les résultats montrent que l'effet de fréquence obtenu dans une tâche de prononciation dépend bien de la route utilisée. En effet, lorsque les sujets utilisent la route non lexicale pour la lecture des mots réguliers, l'effet de fréquence est plus petit en prononciation qu'en décision lexicale. Par contre, lorsqu'ils utilisent la route lexicale pour la lecture des mots irréguliers, l'effet de fréquence obtenu en prononciation est comparable à celui obtenu en décision lexicale. Ainsi, l'effet de fréquence obtenu en prononciation ne semble pas de nature articulatoire comme le suggèrent Balota et Chumbley (1985) mais bien de nature lexicale.

L'étude des mouvements des yeux au cours de la lecture vient apporter une indication supplémentaire à la localisation de la fréquence au cours du processus d'identification. La plupart des travaux montrent que les mots de basse fréquence sont fixés en moyenne 80 ms de plus que les mots de haute fréquence (Rayner & Raney, 1996). Cette taille d'effet est comparable à celle observée en décision lexicale, alors même qu'aucun processus décisionnel n'est à l'œuvre dans la fixation d'un mot.

3.1.2 Effet de fréquence et voisinage orthographique

Grainger (1990) propose une explication alternative à la supériorité de l'effet de fréquence dans la tâche de décision lexicale par rapport à la tâche de prononciation. Cette dernière explication repose sur la notion de voisinage orthographique. Un voisin orthographique est un mot qui diffère d'un mot cible par une seule lettre. Par exemple, le mot PAGE a de nombreux voisins, comme MAGE, NAGE, RAGE, SAGE, CAGE, PIGE, PAIE, PALE, PAPE, tandis que le mot OGRE n'a qu'un seul voisin, OCRE (voir la section 3.4).

À la différence des mots de haute fréquence, les mots de basse fréquence tendent à avoir des voisins orthographiques plus fréquents qu'eux-mêmes. Grainger, O'Regan, Jacobs, et Segui (1989) ont montré que les temps de décision lexicale sont plus longs pour les mots ayant au moins un voisin orthographique plus fréquent qu'eux-mêmes comparativement aux mots n'ayant pas de voisins orthographiques plus fréquents. Ainsi, les études comparant les mots de basse fréquence et de haute fréquence en décision lexicale confondent la fréquence des mots avec celle de leurs voisins orthographiques. La tâche de prononciation n'étant pas sous influence lexicale (les mots peuvent être prononcés en utilisant la route non lexicale), les latences de prononciation sont supposées indépendantes de l'effet du voisinage orthographique. Lorsque la fréquence du voisinage orthographique est contrôlée, Grainger (1990) obtient un effet de fréquence de taille identique en décision lexicale et en prononciation.

Afin de montrer qu'un effet de fréquence peut être obtenu indépendamment de l'effet de fréquence du voisinage, Segui et Grainger (1992) ont testé des « ermites », c'est-à-dire des mots n'ayant pas de voisins orthographiques. Dans ces conditions, un robuste effet de fréquence a pu être mis en évidence.

3.2 L'effet de familiarité

Alors que la fréquence d'occurrence (ou fréquence objective) repose sur des indices statistiques, la familiarité (ou fréquence subjective) repose sur l'expérience personnelle des sujets. La familiarité d'un mot est obtenue en demandant aux sujets de juger sur une échelle en 7 points de la nature familière ou non du mot.

La fréquence et la familiarité sont deux mesures fortement corrélées, surtout pour les mots de haute fréquence ($r = .81$), la corrélation entre la familiarité et la fréquence objective pour les mots de basse fréquence étant plus faible (Gordon, 1983). La familiarité d'un mot varie beaucoup d'un sujet à l'autre. Par exemple, les psychologues peuvent être très familiers avec le mot « béhaviorisme », même si la fréquence de ce mot est basse. Gernsbacher (1984) a montré qu'au plus la familiarité d'un mot est élevée, plus le temps de réponse est rapide. Ainsi, Gernsbacher (1984) suggère que les études portant sur la fréquence objective se doivent de contrôler la familiarité des items.

Connine, Mullenix, Shernoff, et Yelen (1990) ont montré en décision lexicale qu'un effet de familiarité pouvait être obtenu indépendamment d'un effet de fréquence, et inversement. En particulier, les auteurs ont montré que des mots de basse fréquence très familiers sont reconnus plus rapidement que des mots de basse fréquence très peu familiers. Aussi, les temps de décision lexicale sont plus courts pour les mots très familiers de haute fréquence que pour les mots très familiers de basse fréquence.

3.3 L'effet d'âge d'acquisition

L'âge d'acquisition d'un mot correspond à l'âge auquel nous avons appris ce mot pour la première fois. Tout comme la familiarité, l'âge d'acquisition d'un mot est fortement corrélé avec sa fréquence objective, les mots étant acquis tôt tendant à être plus fréquents. Morrison et Ellis (1995) ont montré que les mots acquis tôt sont lus plus rapidement que les mots acquis plus tardivement. De nombreux travaux ont également mis en évidence l'existence d'un effet d'âge d'acquisition indépendant de l'effet de fréquence (voir Johnston & Barry, 2006 pour une synthèse récente). L'effet d'âge d'acquisition peut être considéré comme un effet robuste dans la mesure où il a été obtenu dans de nombreuses tâches de lecture et dans de nombreuses langues.

Il existe une manière objective et une manière subjective de mesurer l'âge d'acquisition d'un mot. La mesure objective repose sur les performances des enfants. La mesure subjective, plus fréquemment utilisée parce que plus facile à collecter, consiste à demander à des adultes d'estimer l'âge auquel ils ont appris un mot sur une échelle en plusieurs points allant de 2-3 ans à 17 ans ou plus (Gilhooly & Gilhooly, 1979). Les estimations subjectives adultes et les données objectives récoltées chez l'enfant corrèlent fortement (Jorm, 1991).

3.3.1 L'effet d'âge d'acquisition en prononciation

Dans une tâche de prononciation immédiate et différée, Morrison et Ellis (1995) ont manipulé le facteur « fréquence objective » tout en maintenant constant l'âge d'acquisition. De la même manière, ils ont manipulé le facteur « âge d'acquisition » tout en maintenant constante la fréquence objective. Les résultats présentent un effet d'âge d'acquisition lorsque la fréquence est maintenue constante en prononciation immédiate mais pas différée, suggérant que l'âge d'acquisition affecte plus la vitesse de récupération de la forme phonologique que ce qu'elle n'affecte les processus articulatoires. Par contre, que ce soit en prononciation immédiate ou différée, aucun effet de la fréquence objective n'est obtenu lorsque le facteur « âge d'acquisition » est maintenu constant. Morrison et Ellis (1995) en concluent que les effets de fréquence sont systématiquement confondus avec les effets d'âge d'acquisition. Ce point de discussion est notamment remis en cause par Gerhand et Barry (1998) qui, en manipulant de façon factorielle les deux effets, obtiennent un effet de l'âge d'acquisition et de la fréquence objective en prononciation immédiate. La présence d'une additivité entre ces deux effets suggère qu'ils reflètent des niveaux de traitement différents. Tandis que l'âge d'acquisition affecterait l'étape de la production phonologique des mots (« sortie » du système de lecture), la fréquence objective affecterait la reconnaissance visuelle des mots (« entrée » du système de lecture). Les auteurs ont également mis en évidence que les mots appris précocement sont articulés plus rapidement que les mots appris tardivement.

3.3.2 L'effet d'âge d'acquisition en lecture silencieuse

Morrisson et Ellis (1995) ont testé de façon indépendante les rôles de l'âge d'acquisition et de la fréquence objective, à travers deux expériences différentes de décision lexicale. Dans ces conditions, les auteurs trouvent un effet de l'âge d'acquisition lorsque la fréquence est maintenue constante ainsi qu'un effet de fréquence lorsque l'âge d'acquisition est maintenu constant. Ils soulèvent ainsi l'importance de contrôler le facteur « âge d'acquisition » lorsqu'on manipule la fréquence objective.

Dans une tâche de décision lexicale, Gerhand et Barry (1999) révèlent des effets d'âge d'acquisition significatifs seulement pour les mots de basse fréquence. Les auteurs interprètent cette interaction en terme de décours temporel d'activation. La phonologie des mots acquis tardivement serait plus lente à être activée. Aussi, les temps de décision lexicale seraient plus longs pour les mots de basse fréquence acquis tardivement que pour les mots de basse fréquence acquis plus précocement. En ce qui concerne les mots de haute fréquence, aucun effet d'âge d'acquisition n'est observé car leur représentation lexicale est disponible très rapidement, avant même que l'information phonologique ne puisse atteindre son seuil critique.

3.3.3 Critique des effets d'âge d'acquisition : le rôle de la fréquence cumulée

Zevin et Seidenberg (2002) apportent une critique méthodologique aux travaux qui mettent en évidence l'existence de deux effets distincts concernant l'âge d'acquisition et la fréquence objective. Les auteurs ont montré que ces effets étaient confondus avec la **fréquence cumulée**. La fréquence cumulée est une mesure correspondant au nombre total de fois qu'un mot est lu ; elle est calculée à partir des corpus de fréquences venant de textes pour enfants et pour adultes. En utilisant de nouvelles bases de données telles que Celex (Baayen, Piepenbrock, & Van Rijn, 1993) et Zeno (Zeno, 1995), les auteurs ont obtenu un effet de la fréquence cumulée mais pas d'effet d'âge d'acquisition.

3.3.4 Une nouvelle opérationnalisation de l'âge d'acquisition : la trajectoire fréquentielle

Zevin et Seidenberg (2002) ont proposé la notion de trajectoire fréquentielle pour rendre compte des effets d'acquisition des mots au cours de la vie. Certains mots seraient appris plus tôt que d'autres car rencontrés plus fréquemment en début de vie. Par exemple, le mot « dragon » est fréquent dans les livres pour enfant mais il devient moins fréquent avec l'âge. Un tel mot est caractérisé par une *trajectoire fréquentielle descendante*. D'autres mots, comme « mythe » par exemple, sont rares dans les textes pour enfants mais deviennent plus fréquents dans les textes pour adultes. Ces mots acquis plus tardivement sont caractérisés par une *trajectoire fréquentielle ascendante*. Zevin et Seidenberg (2004) ont testé le rôle de la trajectoire fréquentielle et de la fréquence cumulée dans une tâche de prononciation en anglais. Les sujets étaient confrontés à quatre types de mots : des mots de haute fréquence acquis tôt (« bike »), des mots de basse fréquence acquis tôt (« barge »), des mots de haute fréquence acquis tardivement (« birth ») et des mots de basse fréquence acquis tardivement (« batch »). Au-delà d'un effet de la fréquence cumulée, aucun effet de la trajectoire fréquentielle ne s'est révélé significatif dans une tâche de prononciation où les relations entre l'orthographe et la phonologie sont quasi-systématiques. En revanche, dans une tâche de dénomination de dessins où les relations entre l'orthographe et la phonologie deviennent arbitraires, un effet de la trajectoire fréquentielle apparaît (Zevin & Seidenberg, 2002).

3.4 Les effets de voisinage orthographique

3.4.1 Taille versus fréquence du voisinage orthographique au cours de la lecture silencieuse

Les effets de voisinage orthographique comptent parmi les plus étudiés dans le domaine de la lecture (voir la section 3.1.2). On distingue deux notions liées au voisinage : *la fréquence du voisinage*, c'est-à-dire la présence de voisins orthographiques plus ou moins fréquents que le mot cible ; et *la taille du voisinage,* c'est-à-dire le nombre de voisins orthographiques d'un mot donné. Les effets de voisinage orthographique semblent varier selon la nature de la tâche, selon qu'on manipule la taille ou la fréquence du voisinage orthographique et selon la langue considérée.

A. *Les tâches d'identification perceptive*

Snodgrass et Mintzer (1993) ont réalisé une série d'expériences dans lesquelles les sujets devaient identifier des mots ayant beaucoup ou peu de voisins orthographiques. Dans les expériences 1 et 2, les mots étaient présentés avec la méthode des limites ascendantes : les sujets devaient donner une réponse à plusieurs niveaux de présentation allant du niveau le plus bas (niveau 1) au niveau le plus élevé (niveau 10). Dans les expériences 3, 4 et 5, les mots étaient présentés avec la technique d'identification unique (les sujets partaient directement du niveau 4). Dans les deux premières expériences, aucun effet d'inhibition n'est obtenu. En effet, avec la méthode de présentation ascendante, le sujet peut éliminer les voisins orthographiques compétiteurs au fur et à mesure de la présentation. Par contre, lorsqu'une seule réponse est requise, un effet d'inhibition est observé car les différents voisins constituent des réponses possibles.

En utilisant la tâche de démasquage progressif, Grainger et Segui (1990) montrent que les temps de reconnaissance et les pourcentages d'erreurs sont plus importants pour des mots peu et moyennement fréquents ayant au moins un voisin orthographique plus fréquent.

Grainger et Jacobs (1996) et Carreiras, Perea et Grainger (1997) ont étudié – en français et en espagnol respectivement – l'effet de la taille et l'effet de fréquence du voisinage orthographique de façon indépendante avec la technique du démasquage progressif. Les deux études montrent un effet d'inhibition de la fréquence du voisinage. En ce qui concerne la taille du voisinage orthographique, l'effet se révèle être inhibiteur en espagnol et nul en français. Toujours avec la même technique, Van Heuven, Dijkstra et Grainger (1998) ont obtenu un effet d'inhibition de la taille du voisinage en hollandais alors qu'aucun effet de la sorte n'a pu être retrouvé en anglais.

B. *La tâche de décision lexicale*

La tâche de décision lexicale est certainement la tâche ayant produit le plus de résultats divergents concernant les effets de voisinage orthographiques. Andrews (1989) a montré que la taille du voisinage orthographique influençait les temps de décision lexicale des mots de basse fréquence. Ces effet de facilitation de la taille du voisinage orthographique ont été répliqués de nombreuses fois en anglais mais n'ont pas été obtenu en espagnol (Carreiras *et al.*, 1997), ni en français (Grainger *et al.*, 1989), ni en hollandais (Grainger, 1990). Des effets d'inhibition de la fréquence du voisinage orthographique ont été trouvés en hollandais, en français et en espagnol mais les résultats obtenus en anglais restent contradictoires.

La contradiction apparente des résultats peut s'expliquer si l'on tient compte de la fonction rapidité-précision (Perea & Pollatsek, 1998). En effet, la plupart des expériences obtenant un effet inhibiteur de la fréquence sont des expériences pour lesquelles on obtient des temps de réponse élevés et de faibles pourcentages d'erreurs. Dans ces conditions, les sujets se baseraient sur les étapes tardives de l'accès au lexique, permettant ainsi de mettre à jour les mécanismes de compétition impliqués. Aussi, la plupart des expériences n'obtenant pas d'effet inhibiteur de la fréquence sont les expériences pour lesquelles on obtient des temps de réponse courts et des pourcentages d'erreurs élevés. Dans ces conditions, il semble que les sujets se basent sur les étapes précoces de l'accès au lexique, des étapes par définition trop précoces pour qu'un effet de compétition puisse émerger.

En utilisant des pseudomots, Johnson et Pugh (1994) obtiennent un effet d'inhibition de la taille. En revanche, lorsque les nonmots sont imprononçables, c'est un effet de facilitation de la taille qui émerge. Selon les auteurs, face à des nonmots imprononçables, le sujet n'est plus obligé de passer par le lexique mental pour donner sa réponse.

C. *La technique d'enregistrement des mouvements des yeux*

Les premiers travaux étudiant les mouvements oculaires et le voisinage orthographique ont été réalisés en français par Grainger *et al.*, (1989). Les résultats ont montré un effet inhibiteur de la fréquence des voisins lorsque les mots ont un seul voisin plus fréquent.

Pollatsek, Perea et Binder (1999) ont réalisé des analyses de régression linéaires montrant l'importance de ne pas confondre le nombre de voisins avec le nombre de voisins plus fréquents. En effet, ces analyses révèlent que le nombre de voisins plus fréquents inhibe les temps de lecture alors que le nombre de voisins moins fréquents a plutôt tendance à faciliter les temps de lecture, du moins en ce qui concerne les étapes précoces de l'accès au lexique.

Dans une autre étude, Perea et Pollatsek (1998) ont testé la fréquence du voisinage orthographique dans la lecture de phrases. Les mesures de durée totale de fixations sont plus longues pour les mots ayant un voisin plus fréquent que pour les mots n'ayant pas de voisins plus fréquents. Par contre, lorsqu'une mesure plus précoce telle que la durée de la première fixation est prise en compte, aucun effet d'inhibition n'est obtenu. Selon Perea et Pollatsek (1998), l'effet de fréquence du voisinage est un effet relativement tardif dans l'accès au lexique.

D. *La tâche d'amorçage sans masquage*

Pour expliquer l'effet d'inhibition de la fréquence du voisinage orthographique, Grainger *et al.* (1989) proposent que les voisins orthographiques plus fréquents entrent en compétition avec le mot cible. Segui et Grainger (1990) ont testé cette hypothèse d'inhibition en présentant une amorce de haute ou de basse fréquence suivie par un mot cible de haute ou de basse fréquence. Des paires de mots orthographiquement reliées ont été utilisées, avec pour amorce le mot le plus fréquent dans une condition (« chat-CHAR ») et le mot le moins fréquent dans une autre condition (« char-CHAT »). Les auteurs ont observé un effet d'inhibition lorsque l'amorce était un voisin orthographique moins fréquent que la cible. Aucun effet n'a été observé lorsque l'amorce était un voisin plus fréquent.

Ces résultats sont en accord avec l'hypothèse d'inhibition intra-lexicale proposée par Segui et Grainger (1990). Au cours de la reconnaissance du mot amorce, le processus de sélection doit inhiber tous les autres candidats de plus haute fréquence en compétition. Lorsqu'on présente un voisin orthographique plus fréquent 350 ms après l'amorce, ce voisin est inhibé par l'amorce de basse fréquence.

E. *Les tâches d'amorçage avec masquage*

Segui et Grainger (1990) ont utilisé les mêmes stimuli en réduisant la visibilité de l'amorce par le masquage. Dans ces conditions, l'effet d'inhibition est obtenu seulement lorsque l'amorce est de haute fréquence et que la cible est de basse fréquence. En effet, aucun effet n'est obtenu lorsque l'amorce est de basse fréquence et la cible de haute fréquence. Dans une autre expérience réalisée en hollandais (expérience 3B), les auteurs ont testé les effets de fréquence du voisinage orthographique en maintenant constante la fréquence de la cible. Dans ces conditions, l'effet d'inhibition est obtenu seulement lorsque l'amorce est plus fréquente que la cible.

Selon Segui et Grainger (1990), l'amorce plus fréquente que la cible va avoir une capacité inhibitrice plus importante qui va ralentir le temps d'identification de la cible de basse fréquence. Par contre, lorsque l'amorce masquée est un voisin moins fréquent que la cible, son niveau d'activation ne sera pas suffisant pour inhiber le traitement de la cible.

3.4.2 Taille versus fréquence du voisinage orthographique au cours de la prononciation

Les résultats obtenus en prononciation sont cohérents avec ceux obtenu au cours de la lecture silencieuse. Ainsi, tous les travaux en lecture à voix haute ont montré une facilitation de la taille du voisinage orthographique pour les mots de basse fréquence, que ce soit en anglais (Sears, Hino, & Lupker, 1995), en français (Grainger, Spinelli, & Ferrand, 2000), en espagnol (Carreiras *et al.*, 1997) ou en hollandais (Grainger, 1990). Il a également été montré que les latences de prononciation sont plus rapides pour les mots de basse fréquence ayant beaucoup de voisins orthographiques ou au moins un voisin orthographique plus fréquent, comparé aux mots ayant peu ou pas de voisins plus fréquents (Grainger, 1990 ; Sears *et al.*, 1995).

La question concernant les effets de voisinage orthographique au cours de la prononciation est de savoir s'ils nécessitent une récupération lexicale ou non. Selon l'hypothèse non-lexicale, les mots ayant beaucoup de voisins orthographiques seraient prononcés plus rapidement grâce aux correspondances graphèmes-phonèmes plus fréquentes. Cette hypothèse a été supportée par des travaux mettant en évidence des effets de facilitation de la taille du voisinage orthographique sur des nonmots (Grainger *et al.*, 2000).

3.4.3 Voisinage orthographique ou voisinage phonologique ?

Le voisinage orthographique d'un mot est confondu avec son voisinage phonologique. En effet, beaucoup de voisins orthographiques partagent des phonèmes (FORT, MORT, PORT, SORT, TORT, FONT et FOOT). Lorsque le nombre de voisins orthographiques est maintenu constant, Yates, Locker et Simpson (2004) obtiennent un effet du voisinage phonologique. En revanche, aucun effet de facilitation orthographique n'est obtenu lorsque le nombre de voisins phonologiques est maintenu constant (Mulatti, Reynolds & Besner ; 2006).

3.4.4 Importance des facteurs visuels dans le voisinage orthographique

Les résultats divergents obtenus sur les effets de voisinage orthographique peuvent être expliqués par des facteurs purement visuels. En effet, alors que la plupart des modèles actuels de la lecture présupposent que toutes les lettres d'un mot sont activées également, Grainger *et al.* (1992) ont montré que la visibilité des lettres pouvait interagir avec l'effet d'inhibition de la fréquence du voisinage. Dans une tâche de décision lexicale, les auteurs ont manipulé la visibilité de la lettre qui levait l'ambiguïté d'un mot ayant un voisin orthographique plus fréquent. Les auteurs ont ainsi mis en évidence un effet d'inhibition de la fréquence du voisinage plus important pour des voisins différant par la quatrième lettre (CHO**P**E a un voisin plus fréquent : CHO**S**E) que pour des voisins différant par la deuxième lettre (A**S**TRE a un voisin plus fréquent : A**U**TRE). Ces résultats suggèrent que les lettres ne sont pas toutes activées de façon égale au cours de la lecture et que les effets de compétition entre les représentations lexicales peuvent être modulés par des facteurs purement visuels.

3.5 Les effets de répétition

L'effet de répétition du mot est l'un des plus robustes effets observés en lecture : la lecture d'un mot cible est facilitée lorsqu'il a déjà été présenté auparavant (Monsell, 1985). Il existe un effet de répétition à long terme, sensible à la fréquence du mot et reposant sur l'information orthographique abstraite ainsi qu'un effet de répétition à court terme, avec masquage qui se dissipe très rapidement.

3.5.1 L'effet de répétition à long terme sans masquage

La facilitation de l'effet de répétition à long terme peut s'étendre de quelques secondes à plusieurs jours. Elle a été observée dans des tâches de décision lexicale, de prononciation, de catégorisation sémantique, de classification syntaxique et d'identification perceptive. Cet effet de répétition à long terme a été obtenu pour des mots et des nonmots dans la tâche de décision lexicale (McKone, 1995) et est plus large pour les mots de basse fréquence que pour les mots de haute fréquence (Forster & Davis, 1984). Il pourrait être de nature épisodique ou de nature lexicale orthographique.

A. *Hypothèse de la trace épisodique*

Selon Jacoby (1983), l'effet de répétition à long terme résulte de la récupération en mémoire de la trace épisodique du stimulus présenté précédemment. Ainsi, durant l'effet de répétition, ce serait l'étape d'identification perceptive qui serait facilitée. Oliphant (1983) suggère que l'effet de répétition à long terme dépend de la conscience du sujet de la répétition. La reconnaissance explicite de la répétition serait meilleure pour les mots de basse fréquence, d'où un effet de répétition plus important.

B. *Hypothèse de l'activation orthographique (lexicale) abstraite*

Selon l'hypothèse de l'activation orthographique abstraite, l'amorce augmenterait le niveau d'activation de la représentation lexicale, la rendant ainsi plus accessible lorsque le mot est répété (Grainger & Jacobs, 1999).

Dans une tâche d'identification perceptive, Bowers (1996) a manipulé le recouvrement visuel entre l'amorce et la cible. Les deux mots constituants la paire amorce-cible pouvaient être présentés en majuscules de façon à obtenir un recouvrement visuel maximum (« DREAD-DREAD ») ou bien en majuscules-minuscules de façon à obtenir un recouvrement visuel minimum (« DREAD-dread »). Si l'effet de répétition reposait sur une trace épisodique, il devrait être de plus grande amplitude lorsque le recouvrement visuel est maximum (« DREAD-DREAD »). Or, quel que soit le taux de recouvrement visuel, les auteurs mettent en évidence un effet de répétition de même amplitude.

3.5.2 L'effet de répétition à court terme avec masquage

L'effet de répétition obtenu avec masquage a une durée de vie très courte, inférieure à 1 seconde (Forster & Davis, 1984). Aussi, alors que l'effet de répétition non masqué interagit avec la fréquence, la taille de l'effet de répétition à court terme est la même pour les mots de haute et de basse fréquence (Bodner & Masson, 1997).

En décision lexicale, Forster et Davis (1984) ont montré que la présentation masquée d'une amorce en minuscule (« table ») facilitait la reconnaissance d'un mot cible présenté en majuscules (« TABLE »), suggérant ainsi que la lecture de la cible est plus sous-tendue par des traitements lexicaux que par une trace épisodique.

La technique des potentiels évoqués a récemment permis d'étudier le décours temporel de l'effet de répétition à court terme. Plusieurs composantes ont été identifiées dans l'effet de répétition masqué : la P150, la N250, la P350 et la N400.

La P150 s'avère être une composante plus large pour les mots répétés que pour les mots non reliés (Grainger & Holcomb, 2006). La P150 étant également impliquée dans la répétition de lettres isolées (Petit, Midgley, Holcomb & Grainger, 2006) et dans la répétition d'objets (Eddy, Schmid & Holcomb, 2006), il semblerait qu'elle reflète un traitement visuel des traits intervenant entre 90 et 180 ms.

La N250 est plus négative pour les mots non reliés que pour les mots répétés Cette composante est également sensible aux répétitions de nonmots et au recouvrement orthographique des paires (teble-TABLE vs table-TABLE). Elle reste insensible aux répétitions de lettres isolées, d'objets ou de mots parlés (Holcomb & Grainger, 2006). Cette composante spécifique au langage écrit reflèterait l'appariement des unités orthographiques pré-lexicales aux unités orthographiques lexicales.

La P350 étant plus positive seulement dans la condition de répétition totale, elle a été attribuée au traitement des unités orthographiques lexicales.

Enfin, la N400 a été identifiée comme étant plus large pour les paires non reliées que pour les paires répetées. Elle reflèterait les interactions entre les représentations orthographiques lexicales et les représentations sémantiques.

Grainger & Holcomb (2006) ont intégré les décours temporel de l'effet de répétition masqué dans le modèle bimodal à activation interactive (voir Figure 3.2)

La technique de l'IRMf a permis d'étudier les bases neurales de cet effet. Il a été montré que le cortex occipital extrastrié droit montre une réduction d'activation pour des paires identiques du point de vue physique (RADIO-RADIO) par rapport aux paires non répetées (RADIO-TABLE), suggérant que ces aires sont impliquées dans le codage visuel des traits. Aussi, le gyrus fusiforme gauche montre une réduction d'activation pour les paires répetées, qu'elles soient de même casse (RADIO-RADIO) ou de casse différente (radio-RADIO), suggérant que cette région code l'identité abstraite du mot (Dehaene *et al.*, 2002). Comme pour l'effet de répétition à long terme, la nature exacte de l'effet de répétition à court terme se pose.

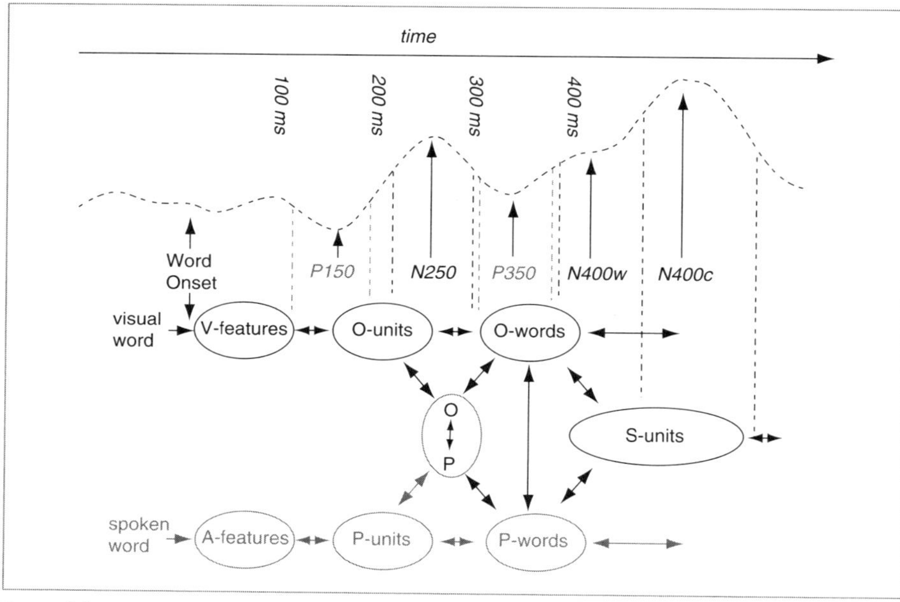

FIGURE 3.2

Activité électrophysiologique (issue des PEV) des effets de répétition masqués mis en relation avec le modèle bimodal à activation interactive de la reconnaissance des mots (d'après Grainger & Holcomb, 2007). Comparé au schéma directeur présenté dans le chapitre 1 du livre, la figure a subi une rotation horizontale pour pouvoir mettre en correspondance le décours temporel de l'activité électrophysiologique avec les composantes cognitives du modèle.

A. *L'hypothèse purement visuelle*

Lorsque l'amorce est présentée très brièvement, elle pourrait fusionner avec la cible, augmentant ainsi sa perceptibilité (voir Davis & Forster, 1994). Cependant, un certain nombre de résultats suggèrent que l'effet de répétition masqué repose sur le partage d'un code abstrait allant au-delà d'un simple partage de traits visuels. Notamment, Grainger *et al.* (2003) ont obtenu des effets de répétition identiques en décision lexicale pour des paires présentées classiquement et pour des paires où la taille de la cible était une fois et demie plus grande que la taille de l'amorce.

B. *L'hypothèse lexicale*

Forster et Davis (1984) n'ont pas obtenu d'effet de répétition pour les nonmots, qui, par définition, n'ont pas d'entrée lexicale. Aussi, que la cible corresponde strictement au mot amorce ou à un dessin représentant le mot amorce, l'effet de répétition obtenu est de même amplitude (Ferrand, Grainger & Segui, 1994). L'effet de répétition est également obtenu entre deux langues ayant une orthographe et une phonologie complètement différentes (hébreu-anglais : Gollan, Forster & Frost, 1997 ; chinois-anglais : Jiang & Forster, 2001). L'ensemble de ces résultats attribue une nature purement lexicale à l'effet de répétition.

C. *L'hypothèse prélexicale ou graphémique*

Humphreys, Evett, Quinlan et Besner, (1987) ont suggéré que l'effet de répétition est de nature prélexicale ou graphémique et résulte de l'activation d'une représentation orthographique abstraite. A l'aide de la technique d'identification perceptive, les auteurs ont obtenu des effets de facilitation graphémiques de même amplitude pour des paires similaires orthographiquement, et ce, que les cibles soient précédées par des amorces mots ou des amorces nonmots.

D. *L'hypothèse de la trace épisodique*

Selon cette hypothèse, l'amorce masquée créerait une trace épisodique qui améliorerait le traitement de la cible. En incitant les sujets à traiter les cibles en profondeur, et notamment en utilisant des pseudo-homophones, Bodner et Masson (1997) obtiennent un effet de répétition (voyce-VOICE) alors même que l'effet n'est pas obtenu avec des nonmots. Plus récemment, Bodner et Masson (2004) ont manipulé la proportion de paires répétées au sein de leurs expériences. Les effets de répétition obtenus sont plus importants lorsque la proportion de paires répétées est élevée, condition dans laquelle le système cognitif bénéficierait d'indices supplémentaires facilitant le traitement de la cible.

4. MODÈLES DE LA LECTURE TRAITANT SPÉCIFIQUEMENT DU CODAGE ORTHOGRAPHIQUE

4.1 Le modèle à Activation Interactive (McClelland & Rumelhart, 1981)

Le Modèle à Activation Interactive développé par McClelland et Rumelhart (1981, 1988 ; Rumelhart & McClelland, 1982) est un modèle connexionniste qui bénéficie d'un succès considérable. Ce modèle est présenté dans la Figure 3.3. Il permet d'expliquer un grand nombre d'effets observés au cours de la reconnaissance des mots écrits.

Ce modèle hiérarchique contient trois niveaux de traitement fonctionnant en parallèle : le niveau des traits visuels, le niveau des lettres et le niveau des mots. La perception d'un mot peut être influencée autant par des informations de bas niveau (le niveau des lettres) que par des informations de haut niveau (le niveau des mots). Ce modèle utilise des représentations locales. Ainsi, chaque trait visuel, chaque lettre de

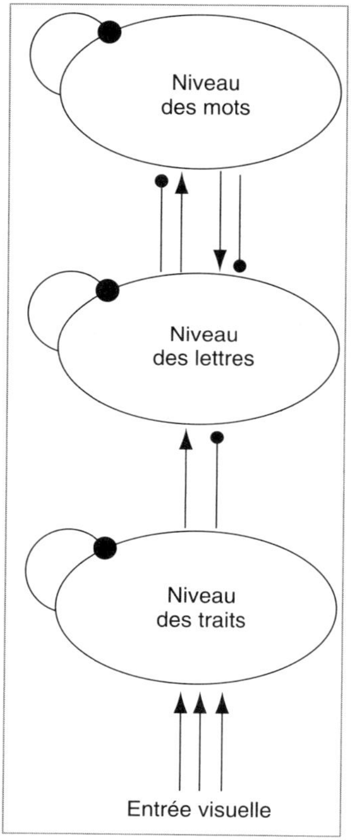

FIGURE 3.3
Version simplifiée (traitement orthographique seulement) du modèle à activation interactive d'après McClelland et Rumelhart (1981).
Les flèches représentent les connexions excitatrices alors que les ronds représentent les connexions inhibitrices.

l'alphabet et chaque mot de la langue sont représentés par des unités distinctes. L'ensemble constitue un réseau d'unités interconnectées, avec des activations excitatrices et inhibitrices bidirectionnelles. Le flux d'activation se fait de manière continue et en cascade, c'est-à-dire qu'il croît et décroît graduellement avec le temps. Lorsqu'une unité est activée, elle va envoyer de l'activation à toutes les unités auxquelles elle est connectée. Par exemple, si l'unité de la lettre « T » en première position est activée, elle va augmenter l'activation en parallèle de tous les mots du lexique mental qui commencent par la lettre T en même temps qu'elle va inhiber tous les mots qui ne commencent pas par la lettre T. Les mots commençant par T ainsi activés vont également inhiber les mots qui ne commencent pas par T. Ce dernier type de connexion que l'on retrouve au niveau des mots est à la base du mécanisme d'inhibition lexicale qui permet d'inhiber les compétiteurs.

Chaque unité lexicale dispose d'un niveau d'activation au repos. Ce niveau de repos est toujours plus élevé pour les mots de haute fréquence. Par conséquent, les mots fréquents atteindront leur niveau d'activation plus rapidement et seront reconnus plus rapidement que les mots rares.

La reconnaissace d'un mot se fait via le niveau d'activation de sa propre représentation, de celui de ses voisins orthographiques activés par les unités lettres contenues dans le mot cible, et d'une inhibition mutuelle entre les deux. Plus le mot possède de voisins orthographiques, plus ce mot recevra d'activation rétroactive et plus il sera reconnu rapidement. Les mots de basse fréquence ayant peu de voisins orthographiques ne bénéficieront pas d'une rétroaction d'activation aussi importante que les mots de basse fréquence ayant beaucoup de voisins orthographiques. Les mots de haute fréquence ayant des niveaux d'activation de base élevés ne bénéficient pas de cette rétroaction d'activation dont ils n'ont finalement pas besoin puisqu'ils atteignent un seuil de reconnaissance très rapidement, ce qui explique de façon élégante pourquoi les mots de haute fréquence sont insensibles à la taille du voisinage orthographique.

4.2 Le modèle à Activation Vérification (Paap, Newsome, McDonald, & Schvaneveldt, 1982)

Ce modèle considère la reconnaissance des mots en deux étapes : une étape « d'activation » et une étape de « vérification ». Au cours de la première étape, l'information sensorielle issue du stimulus va activer les représentations lexicales du mot lu et des mots qui lui sont proches orthographiquement. Puis, au cours de l'étape de « vérification », le système vérifie le degré de correspondance entre les représentations sensorielles activées et les différentes représentations lexicales candidates. Cette vérification se fait de manière sérielle, des représentations lexicales les plus fréquentes aux représentations les moins fréquentes. Deux types de niveaux de traitement sont mis en jeu dans le modèle à Activation Vérification (Voir Figure 3.4).

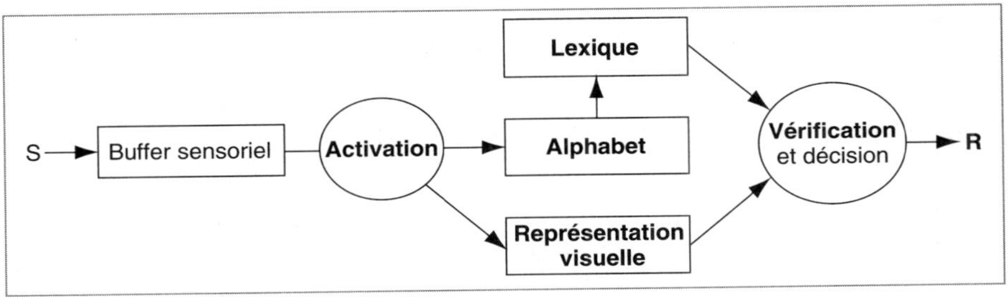

FIGURE 3.4

Modèle à Activation Vérification d'après Paap, Newsome, McDonald et Schvaneveldt (1982).
S = stimulus ; R = réponse.

Le niveau de l'alphabétum comprend les unités lettres. Au sein de ce niveau, chaque lettre de l'alphabet est représentée par une liste de traits visuels. Les unités mots sont quant à elles stockées au sein du second niveau : celui du lexique mental. L'activation entre les deux niveaux est unidirectionnelle, elle se propage uniquement de bas en haut, c'est-à-dire des unités lettres vers les unités mots. Les unités lettres codent la position spécifique des lettres dans le mot et vont être plus ou moins activées dans l'alphabétum. L'activité de l'alphabétum est transmise de façon continue au niveau du lexique mental. La force d'activation de chaque mot est calculée sur la base de la moyenne de toutes les activations associées aux lettres. Seuls les mots candidats ayant dépassé un certain seuil d'**activation** vont subir une procédure de **vérification**.

Dans le modèle de Paap *et al.* (1982) l'activation des unités est plus forte pour les mots que pour les pseudomots et les nonmots. L'effet de fréquence se situe au niveau de l'étape de vérification des candidats. Une fois les candidats activés sur la base de leurs caractéristiques visuelles communes avec le mot cible, l'étape de vérification se fait par ordre de fréquence. Ainsi, les mots les plus fréquents sont vérifiés en début de liste et donc reconnus plus rapidement. Lorsqu'un mot possède des voisins orthographiques plus fréquents, ces voisins vont être vérifiés avant même le mot cible, ce qui retardera d'autant plus sa reconnaissance. Ce modèle ne permet pas d'expliquer l'effet de facilitation de la taille du voisinage orthographique car les mots ayant beaucoup de voisins orthographiques devraient engendrer des sous-ensembles de candidats plus longs à vérifier que les mots ayant peu de voisins orthographiques. C'est donc une inhibition de la taille du voisinage orthographique qui devrait être observée.

4.3 Le modèle Logogène (Morton, 1969)

Au sein du modèle Logogène de Morton (1969), chaque mot dispose d'un détecteur dans le lexique mental : un logogène. Ces logogènes (ou détecteurs) sont activés par l'information issue du stimulus physique, du contexte et par le système cognitif dévoué à l'information sémantique (voir Figure 3.5). Le caractère interactif de ce modèle d'accès lexical réside dans le fait que les logogènes se situent à l'interface entre les différentes sources d'informations sensorielles et les niveaux de traitement.

Chaque logogène dispose d'un niveau d'activation, d'un niveau de repos ainsi que d'un seuil de reconnaissance. Le niveau d'activation d'un logogène va augmenter à chaque fois que des informations compatibles avec le mot seront présentées. Au-delà d'un seuil critique d'activation du logogène, le mot atteint son seuil de reconnaissance. Il est identifié et son logogène va regagner progressivement son niveau de repos. Le seuil de reconnaissance d'un logogène donné sera d'autant plus bas que son niveau d'activation sera élevé, c'est-à-dire que la quantité d'informations nécessaire pour reconnaître le mot sera d'autant moins importante si son logogène a déjà un seuil d'activation élevé.

Le seuil d'activation d'un logogène dépend de la fréquence du mot auquel il est associé. Les logogènes correspondant aux mots fréquents ont un seuil d'activation plus

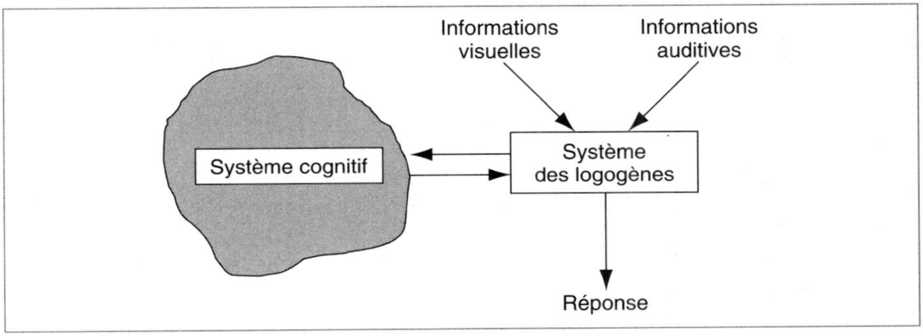

FIGURE 3.5
Le modèle Logogène de Morton (1969).

élevé que les logogènes correspondant aux mots de basse fréquence. Par conséquent, les mots de haute fréquence lexicale seront reconnus plus rapidement.

4.4 Le modèle de Recherche Sérielle (Forster, 1976)

Ce modèle est semblable à la recherche de mots dans un dictionnaire. Les mots sont stockés dans un fichier central, le lexique où l'ensemble des informations lexicales est représenté. Trois fichiers périphériques permettent l'accès à ce fichier central. Un fichier d'accès orthographique comporte les entrées correspondant à la forme orthographique des mots (pour la lecture). Un deuxième fichier comporte des entrées phonologiques (pour la perception de la parole) alors que le troisième fichier contient des entrées sémantiques et syntaxiques (pour la production de la parole). Les voies d'accès sont donc considérées ici par Forster (1976) comme les structures qui permettent l'accès aux connaissances relatives à chaque mot stocké dans le lexique mental (voir Figure 3.6).

Les fichiers périphériques sont organisés sous forme de casiers distincts dans lesquels les mots sont classés par ordre de fréquence, du plus fréquent au moins fréquent. L'accès au lexique comporte un processus de recherche sérielle au cours duquel le sujet compare l'entrée sensorielle du mot avec l'ensemble des formes lexicales stockées dans le lexique mental. Sur la base de l'information visuelle correspondant au mot « chat », le lecteur va limiter sa recherche au fichier périphérique d'accès orthographique et va parcourir ce fichier dans l'ordre jusqu'à ce qu'il trouve le mot correspondant à l'entrée visuelle. Lorsqu'une entrée particulière de la voie d'accès a été localisée, elle est envoyée au fichier central où les informations lexicales correspondant au mot « chat » seront récupérées. Le modèle de Recherche Sérielle (Forster, 1976) rencontre de nombreux problèmes, notamment au niveau de sa plausibilité computationnelle. En effet, il

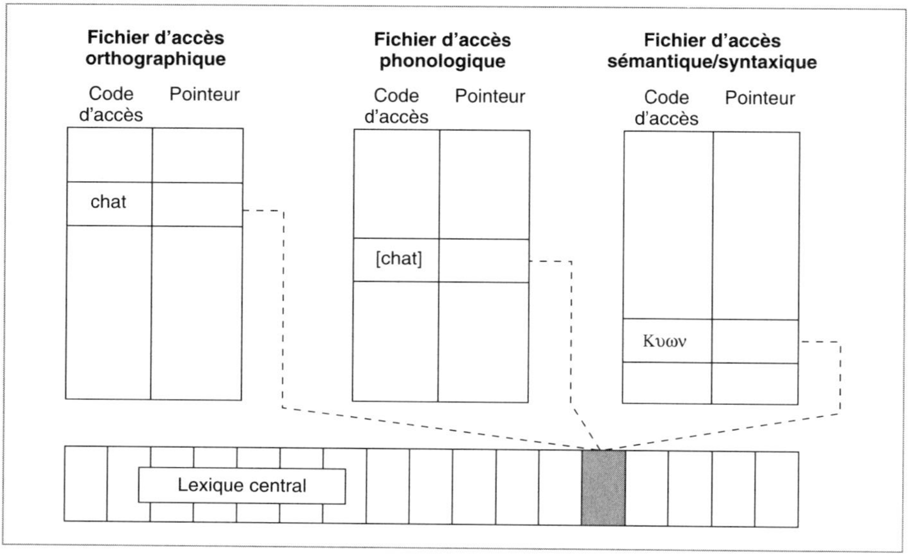

FIGURE 3.6

Modèle de Recherche Sérielle adapté de Forster (1976). Les casiers sont ordonnés par ordre de fréquence et les différentes voies d'accès sont indépendantes, tandis que le lexique mental est amodal.

semble difficile que le processus de recherche sérielle puisse vérifier des centaines ou des milliers de mots en moins d'une seconde.

Les mots les plus fréquents sont placés en tête de la voie d'accès et sont donc trouvés en début de recherche tandis que les mots les moins fréquents, placés en fin de fichier, prennent plus de temps à être identifiés. L'effet de fréquence traduirait donc une différence dans la durée de recherche nécessaire pour localiser les entrées correspondant aux mots fréquents et aux mots rares. Lorsqu'un mot possède des voisins orthographiques plus fréquents, ces voisins vont être vérifiés avant même que le mot cible ne soit vérifié, retardant ainsi sa reconnaissance.

4.5 Le modèle MROM (Grainger et Jacobs, 1996)

Le modèle MROM (Multiple Read-Out Model) est une version améliorée du modèle à Activation Interactive (McClelland & Rumelhart, 1981). Ce modèle comporte trois critères de décision pouvant rendre compte de la majorité des effets obtenus dans les tâches de décision lexicale et d'identification perceptive.

Le premier critère (critère M) repose sur l'activation lexicale individuelle de l'unité mot, activation censée refléter la correspondance entre le mot et sa représentation orthographique. Ce critère est considéré comme fixe et invariant. Le deuxième critère (critère Σ) est ajustable de façon stratégique ; il repose sur l'activité lexicale globale, c'est-à-dire l'activité lexicale générée par le mot cible et par ses voisins orthographiques. Le troisième critère (critère T) est utilisé pour les réponses négatives comme délai temporel. L'effet de facilitation de la taille du voisinage orthographique est expliqué par l'utilisation du critère Σ tandis que l'effet d'inhibition de la fréquence du voisinage orthographique repose sur l'utilisation du critère M.

Résumé

Dans ce chapitre, nous avons abordé les principales recherches consacrées au codage visuel et orthographique des mots au cours de la lecture.

Dans une première partie, nous nous sommes centrés sur les aspects visuels et perceptifs de la lecture. En particulier, nous avons vu que la lettre, en tant qu'unité abstraite, représentait une des unités de base de la lecture. La position optimale du regard, généralement à gauche du centre du mot, nous a révélé que toutes les lettres ne sont pas visibles de la même façon. Ensuite, l'effet de supériorité du mot a permis de mettre en évidence que notre perception visuelle est influencée par nos connaissances lexicales.

Deuxièmement, nous avons vu à travers l'étude des effets prélexicaux que la syllabe, le graphème, ou encore l'attaque et la rime, jouaient un rôle important dans la lecture. Ces travaux suggèrent l'existence de plusieurs unités de lecture qui cohabitent sans être mutuellement exclusives.

Troisièmement, nous avons abordé les effets lexicaux. L'effet de la fréquence d'occurrence est l'effet le plus robuste en psycholinguistique. Après de nombreuses controverses, il a été localisé au niveau du processus d'identification lexicale. Nous avons vu que la familiarité et l'âge d'acquisition semblent également jouer un rôle dans la lecture. Aussi, nous avons vu que la reconnaissance d'un mot écrit en lecture silencieuse revenait à le discriminer parmi ses voisins orthographiques plus fréquents. Les effets de répétition nous ont renseigné sur le rôle de l'activation de l'information orthographique prélexicale et lexicale tandis que les études issues des potentiels évoqués électriques et de l'imagerie fonctionnelle par résonance magnétique nous ont renseigné sur le décours temporel et les bases cérébrales de ces effets.

Enfin, le chapitre se termine par un tour d'horizon des principaux modèles de la lecture silencieuse traitant spécifiquement du codage visuel et orthographique.

MOTS CLÉS

Pouvez-vous donner une définition de chacune des notions suivantes ?

- Âge d'acquisition
- Effet de répétition
- Effet de supériorité du mot
- Familiarité
- Forme globale
- Fréquence objective
- Graphème
- Logogène
- Position optimale du regard
- Recherche sérielle
- Représentation lexicale
- Trajectoire fréquentielle
- Voisinage orthographique

DES QUESTIONS POUR MIEUX RETENIR

1. Quelle est la différence entre la forme globale d'un mot et l'identité abstraite des lettres qui le composent ?
2. Quelle est la position optimale du regard dans un mot ?
3. Qu'est ce que l'effet de supériorité mot-lettre et mot-nonmot ?
4. Où est localisé l'effet de fréquence objective en lecture à voix haute : au niveau lexical ou articulatoire ?
5. Quelle est la différence entre la fréquence et la familiarité d'un mot ?
6. Quelle est la relation entre l'âge d'acquisition et la fréquence d'un mot ?
7. Quelle est la différence entre la taille du voisinage orthographique et la fréquence du voisinage orthographique ?
8. Que nous apprennent les travaux utilisant les potentiels évoqués électriques sur le décours temporel des effets de répétition avec masquage ?

Des lectures pour aller plus loin

Andrews, S. (2006) (Ed.). *From inkmarks to ideas : Current issues in lexical processing.* Hove : Psychology Press.

Balota, D.A., Yap, M.J., & Cortese, M.J. (2006). Visual word recognition : The journey from features to meaning (A travel update). In M. Traxler & M.A. Gernsbacher (Eds.), *Handbook of Psycholinguistics*. 2nd edition. New York : Academic Press.

Grainger, J., Ferrand, L., & Jacobs, A.M. (2004). Vers une approche psychophysique en psycholinguistique. In L. Ferrand & J. Grainger (Eds), *Psycholinguistique Cognitive.* (pp. 165-187). Bruxelles : De Boeck Université, Collection Neurosciences et Cognition.

Jacobs, A.M., & Grainger, J. (1994). Models of visual word recognition- Sampling the state of the art. *Journal of Experimental Psychology : Human Perception and Performance, 20,* 1311-1334.

Snowling, M.J., & Hulme, C. (2005) (Eds.). *The science of reading : A handbook.* Blackwell Publishing.

CHAPITRE 4

Le codage phonologique

SOMMAIRE

INTRODUCTION

Le rôle de l'information phonologique dans le traitement des mots écrits a fait l'objet d'un important débat. Dès 1908, Huey avance l'idée d'un processus de subvocalisation qui code les mots en paroles internes au cours de la lecture silencieuse. Les premiers travaux mettant en évidence le rôle de l'information phonologique dans la lecture silencieuse ont été réalisés par Rubenstein, Lewis, et Rubenstein (1971). Depuis, le fait que la phonologie joue un rôle crucial dans la lecture silencieuse est un fait largement admis (Van Orden & Kloos, 2005 pour une synthèse récente).

1. LE RÔLE DE L'INFORMATION PHONOLOGIQUE

1.1 Positions classiques sur le rôle de l'information phonologique

1.1.1 Théorie de l'accès direct

La théorie de l'accès direct apparaît vers la fin des années soixante-dix en soutenant qne la phonologie ne joue aucun rôle dans la lecture silencieuse (Paap, Newsome, McDonald & Schvaneveldt, 1982). Selon cette théorie, illustrée par la Figure 4.1a, seule la représentation orthographique d'un mot suffirait pour accéder à sa représentation lexicale.

1.1.2 Théorie de la médiation phonologique

Selon cette théorie, la médiation phonologique constitue une condition nécessaire à la lecture silencieuse (voir Figure 4.1b). Étant donnée la primauté de la parole sur l'écriture dans l'ontogenèse du langage, les mots seraient stockés en mémoire sous forme de représentations phonologiques, faisant de l'information phonologique une information essentielle et nécessaire pour l'accès aux représentations lexicales (Rubenstein *et al.*, 1971).

1.1.3 Théorie des deux routes

La théorie des deux routes présente une position intermédiaire, en soutenant que les deux types d'information, orthographique et phonologique, peuvent opérer en parallèle et servir d'accès aux représentations lexicales (Seidenberg & McClelland, 1989). La Figure 4.1c illustre la possibilité d'accéder directement aux représentations lexicales, en passant ou non par les représentations phonologiques.

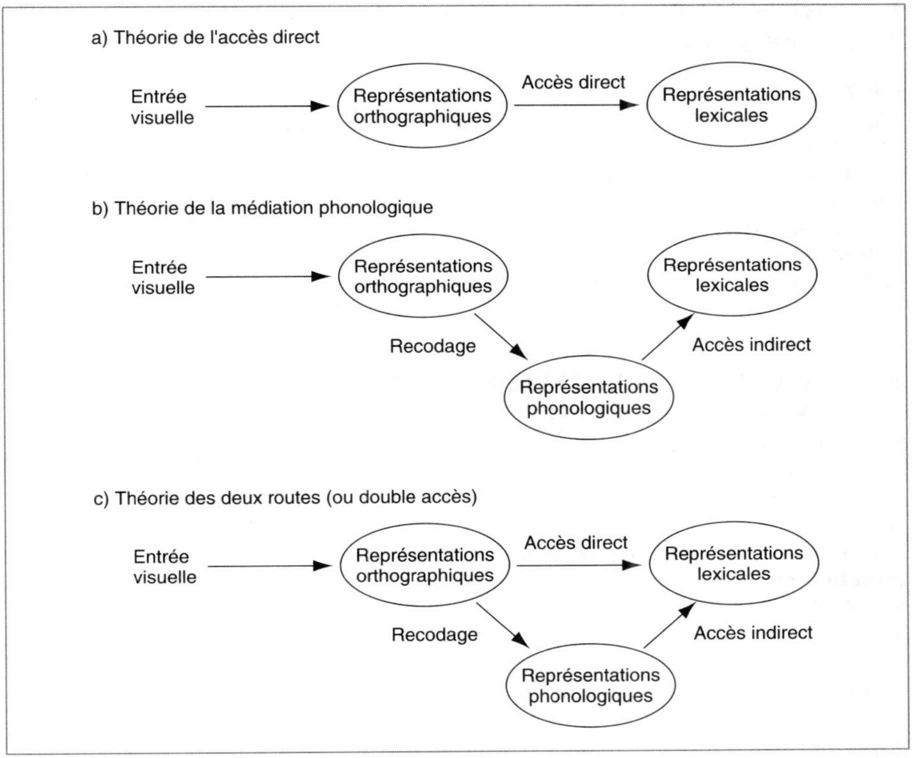

FIGURE 4.1

Trois théories classiques de l'accès au lexique : (a) la théorie de l'accès direct, (b) la théorie de la médiation phonologique, (c) la théorie des deux routes. Les flèches représentent les connexions excitatrices entre les différents niveaux de représentations.

1.2 L'obtention du code phonologique

Une distinction devenue classique dans la littérature est faite entre la phonologie assemblée (ou prélexicale), et la phonologie adressée (lexicale). **L'assemblage prélexical** consiste à construire une représentation phonologique, en convertissant chacun des segments orthographiques en segments phonologiques. **L'adressage lexical** consiste à récupérer la représentation phonologique globale de la représentation orthographique avant de l'adresser directement en mémoire.

1.3 Vers un principe universel d'un codage phonologique dans la lecture silencieuse

Selon Perfetti, Zhang et Berent (1992), l'activation phonologique intervient généralement pour tous les systèmes d'écritures. Ce **Principe Phonologique Universel** pour la lecture silencieuse est composé lui-même de trois principes. Le *principe central* de leur théorie concerne une activation automatique de la phonologie dans la lecture silencieuse pour tous les systèmes d'écriture. Un *second principe* postule l'émergence de l'activation phonologique dès que le permet le système d'écriture concerné, à un niveau prélexical dans un système alphabétique comme l'anglais et à niveau lexical en chinois par exemple. Un *troisième principe* considère l'activation de la phonologie utile à la mémoire et à la compréhension, la répétition phonologique étant sous le contrôle du lecteur.

2. LES EFFETS D'HOMOPHONIE ET DE PSEUDO-HOMOPHONIE

Les **homophones** sont des mots qui partagent leur phonologie avec d'autres mots, mais qui s'écrivent différemment (par exemple SIGNE homophone de CYGNE ; voir Ferrand, 1999, pour une liste exhaustive des homophones du français). Aussi, l'anglais et le français offrent la possibilité de créer des nonmots qui sonnent comme des mots réels : des **pseudo-homophones** (par exemple, en anglais, le nonmot BRANE se prononce comme le mot BRAIN, et en français, le nonmot ROZE se prononce comme le mot ROSE). Les homophones et les pseudo-homophones, parce qu'ils se prononcent de la même manière que les mots, offrent l'opportunité d'étudier le rôle de l'information phonologique au cours de la lecture silencieuse.

2.1 Homophonie et pseudo-homophonie : effets d'interférence

Rubenstein, Lewis et Rubestein (1971) ont observé des temps de décision lexicale plus longs pour le membre le moins fréquent d'une paire d'homophones (comme SAIL-SALE), comparé à des mots non-homophones (TASK ou BATH). Selon les auteurs, le code phonologique généré par un homophone entraîne la sélection de deux entrées lexicales, le membre de la paire le plus fréquent étant analysé en premier.

Davelaar, Coltheart, Besner et Jonasson (1978) font l'hypothèse d'une utilisation optionnelle et stratégique du code phonologique au cours de la lecture silencieuse. En effet, les auteurs n'observent plus d'effet d'homophonie lorsqu'ils incluent des pseudo-homophones dans la tâche. Dans ces conditions, les sujets privilégient un codage orthographique.

Récemment, Ferrand et Grainger (2003) ont souligné l'importance de contrôler la fréquence des voisins orthographiques dans l'étude des pseudo-homophones. Les homophones ont souvent des voisins orthographiques (par exemple FOIS-FOIE) et nous savons que les mots de basse fréquence ayant des voisins orthographiques plus fréquents sont reconnus plus lentement que ceux n'ayant pas de voisins orthographiques plus fréquents (voir section 3.1.2 du Chapitre 3). Ferrand et Grainger (2003) ont ainsi mis en évidence deux effets dans une tâche de décision lexicale et de démasquage progressif : un robuste effet d'interférence homophonique pour le membre le moins fréquent d'une paire d'homophones n'ayant pas de voisins orthographiques plus fréquents (CYGNE-SIGNE) et un effet de la fréquence du voisinage (CHOPE-CHOSE). Les auteurs ont ensuite augmenté la taille de ces effets en incluant des pseudo-homophones. Ce résultat est la première démonstration empirique d'un effet d'interférence homophonique ne pouvant être expliqué par le voisinage orthographique.

Dans leur expérience princeps, Rubenstein *et al.* (1971) observent que des pseudo-homophones (comme BRANE) prennent plus de temps à être rejetés que des nonmots ressemblant à des mots mais ne se prononçant pas comme des mots (SLINT). Rubenstein *et al.* (1971) expliquent cet effet de pseudo-homophonie par un conflit de décision : la représentation phonologique du pseudo-homophone favoriserait une réponse positive alors que sa représentation orthographique favoriserait une réponse négative. Par exemple, un pseudo-homophone comme ROZE serait converti en une représentation phonologique identique à celle du mot ROSE. Le non-appariement orthographique du pseudo-homophone et du mot activé créerait un conflit dont la résolution prendrait du temps.

L'effet de pseudo-homophonie peut être observé avec des contrôles orthographiques seulement si les sujets rencontrent des homophones au cours de l'expérience (Underwood, Roberts & Thomason ; 1988). Si aucun homophone n'est présent, la vérification orthographique peut être utilisée pour rejeter rapidement les pseudo-homophones, et l'effet disparaît.

Ziegler, Van Orden et Jacobs (1997) ont montré la présence d'une activation phonologique en anglais dans une expérience où les sujets lisaient des pseudo-homophones (par exemple NALE et SAIN, pseudo-homophones des mots NAIL et SANE) et devaient identifier une lettre cible (ici I). En principe, un codage phonologique n'est pas nécessaire pour réaliser cette tâche car le sujet doit simplement mettre en correspondance les traits visuels de la cible avec ceux de la suite de lettres. Dans une condition, la lettre I était absente du pseudo-homophone (NALE) mais présente dans le mot réel (NAIL). Dans une autre condition, la lettre I qui était présente dans le pseudo-homophone (SAIN) mais absente dans le mot réel (SANE). Les auteurs montrent que les sujets font significativement plus de fausses détections pour les pseudo-homophones que pour les pseudomots contrôles. En effet, ils vont plus souvent détecter incorrectement le I dans le pseudo-homophone NALE (présent dans le mot réel NAIL) que dans le pseudomot contrôle LALE. De la même façon, les sujets font significativement plus d'erreurs d'omissions pour les pseudo-homophones que pour les pseudomots contrôles en omettant de détecter la lettre I plus souvent dans le pseudo-homophone SAIN (absent dans le mot réel SANE) que dans le pseudomot TAIN. Ces résultats montrent que le code phonologique est activé de manière automatique.

2.2 Homophonie et pseudo-homophonie : effets de facilitation

Une autre façon d'étudier le rôle de l'information phonologique dans la lecture est d'examiner l'influence d'une amorce phonologiquement reliée sur la reconnaissance d'une cible. La première expérience dans ce domaine a été réalisée par Meyer, Schvaneveldt, et Ruddy (1974). Les auteurs ont utilisé une méthode de « présentation successive » dans laquelle le sujet doit répondre de la lexicalité de deux items. Les auteurs montrent que la présentation visuelle de paires de mots similaires orthographiquement et phonologiquement (TRIBE-BRIBE) donne lieu à des réponses plus rapides que la présentation de paires non-reliées (FENCE-TRIBE). Par contre, la présentation de paires similaires orthographiquement mais dissimilaires phonologiquement (COUCH-TOUCH) donne lieu à des réponses plus lentes que la présentation de paires non-reliées. Meyer *et al.* (1974) proposent une hypothèse de « recodage phonologique » dans laquelle le traitement de l'amorce active un ensemble de règles de correspondances graphèmes-phonèmes, qui deviennent disponibles lors de la présentation du mot cible.

En utilisant une tâche d'identification perceptive avec masquage rétroactif, Perfetti, Bell et Delaney (1988) ont pu mettre en évidence un effet de masquage phonologique facilitateur avec des pseudo-homophones. Les sujets devaient identifier un mot cible présenté en minuscules et suivi d'un masque linguistique : un pseudomot présenté en majuscules pendant environ 30 msec puis par un masque visuel non linguistique. Le mot cible (par exemple « rate ») pouvait être suivi par trois types de masques linguistiques : un masque pseudo-homophone (rate-RAIT-####), graphémique (rate-RALT-####), ou contrôle (rate-BUSK-####). Il faut noter ici que les masques RAIT et RALT sont appariés en termes de similarité orthographique avec la cible. Par rapport à la situation contrôle, Perfetti *et al.* (1988) ont montré que le masque graphémique (RALT) conduit à une meilleure identification de la cible. L'effet de masquage était encore plus réduit avec un masque pseudo-homophone (RAIT). Cet effet facilitateur est expliqué en termes d'activation rapide d'*unités phonologiques* par les *unités graphémiques* correspondantes et supporte la position selon laquelle l'information phonologique est générée très rapidement au cours de l'identification visuelle des mots.

Dans une recherche plus récente, Perfetti et Bell (1991) font varier la durée de présentation de l'amorce dans une tâche d'identification perceptive. Pour de brèves durées de présentation de l'amorce (35 msec), les amorces nonmots produisent un effet de facilitation orthographique mais pas phonologique. Avec des durées de présentation plus longues (de 45 msec à 65 msec), la facilitation orthographique reste constante, et une facilitation phonologique émerge. Ces résultats suggèrent que la durée de présentation de l'amorce est un facteur crucial pour établir la présence d'une facilitation phonologique prélexicale dans des expériences d'amorçage rapide avec masquage. Ils contredisent l'hypothèse selon laquelle les effets de facilitation phonologique seraient l'objet d'une activation stratégique, renforcent celle d'une activation très précoce du code phonologique et soulignent l'importance de dissocier les effets phonologiques des autres effets linguistiques.

3. ISOLER LES EFFETS PHONOLOGIQUES

3.1 Code phonologique prélexical vs code phonologique lexical

Ferrand et Grainger (1996) ont étudié conjointement le code phonologique lexical et prélexical. Au sein de la même expérience, les auteurs ont mesuré les effets d'amorçage homophonique (« fois-FOIE ») et les effets d'amorçage pseudo-homophonique (« foit-FOIE »). Les nonmots cibles pouvaient être des nonmots illégaux (« RNAE »), des nonmots légaux (« CLON ») ou des pseudo-homophones (« ROZE »). Ferrand et Grainger (1996) montrent que l'effet d'amorçage pseudo-homophonique (reflétant le code phonologique prélexical) est observé quel que soit le type de nonmots. Ce résultat suggère fortement que le code phonologique prélexical est non-stratégique, obligatoire et automatique. En revanche, l'effet d'amorçage homophonique (reflétant le code phonologique lexical) varie en fonction du type de nonmots. En effet, une facilitation est obtenue lorsque les nonmots sont légaux, une inhibition est obtenue lorsque les nonmots sont des pseudo-homophones et aucun effet n'est observé lorsqu'ils sont illégaux orthographiquement. Selon les auteurs, le contrôle stratégique mis en place par les lecteurs n'affecte pas le type d'information activée pendant la lecture, mais plutôt l'utilisation de cette information.

3.2 Dissocier le code orthographique du code phonologique

La neuropsychologie décrit de nombreux cas de dissociations entre l'information orthographique et phonologique (Ellis & Young, 1988). L'exemple le plus frappant est celui de deux aphasiques décrits par Funnell et Allport (1987) qui ne peuvent répéter des mots présentés auditivement et réécrire des mots écrits. En revanche, ils font de nombreuses erreurs lorsqu'ils doivent passer d'une modalité à l'autre comme par exemple lire à haute voix des mots écrits ou écrire sous la dictée.

En utilisant le paradigme d'amorçage rapide avec masquage combiné avec la tâche de décision lexicale, Ferrand et Grainger (1993) ont démontré le rôle majeur du code phonologique pendant la lecture silencieuse en français. Les auteurs ont utilisé trois conditions d'amorçage : (1) une condition phonologique où le mot cible était précédé d'un pseudo-homophone (« lont-LONG ») ; (2) une condition orthographique où le mot cible était précédé d'un pseudomot relié orthographiquement mais non phonologiquement (« lone-LONG ») ; (3) une condition contrôle où le mot cible était précédé par un pseudomot n'entretenant aucune relation avec le mot cible (comme « tabe-LONG »). Ferrand et Grainger (1993) ont fait varier la durée de présentation de l'amorce de 17 msec à 100 msec par tranche de 17 msec. Les résultats sont présentés dans la Figure 4.2.

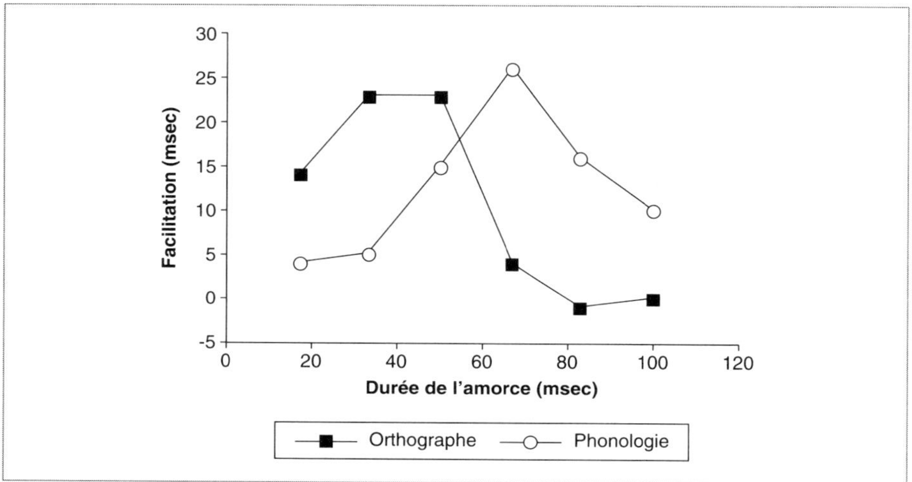

FIGURE 4.2

Effets nets de facilitation phonologique et orthographique en fonction de la durée de présentation de l'amorce (d'après Ferrand & Grainger, 1993).

Pour des durées de présentation de l'amorce comprises entre 17 msec et 50 msec, Ferrand et Grainger (1993) obtiennent une facilitation de l'information orthographique. La facilitation phonologique n'émerge et ne devient robuste que pour des durées de l'ordre de 40-50 msec et au-delà. Ces résultats suggèrent que l'information orthographique contacte les représentations lexicales avant que ne le fasse l'information phonologique. Les effets de facilitation phonologique sont observés pour des mots de haute et de basse fréquence, suggérant une nature prélexicale du code phonologique. L'effet de facilitation résiste à l'introduction de pseudo-homophones dans les listes expérimentales, indiquant que les sujets ne peuvent pas supprimer ce code phonologique.

Grainger et Ferrand (1996) ont mis en évidence au sein de la même expérience la présence de purs effets de facilitation orthographique et phonologique. De purs effets de facilitation orthographique ont pu être estimés en comparant les performances aux mêmes cibles précédées par des amorces pseudo-homophones similaires ou dissimilaires orthographiquement (« thyn-THYM » comparé à « tein-THYM »). De purs effets de facilitation phonologique ont pu être estimés en comparant les performances aux mêmes cibles précédées par des amorces similaires orthographiquement qui peuvent être pseudo-homophones ou non (par exemple, « thyn-THYM » comparé à « thyr-THYM »). En variant la durée de présentation des amorces, cette recherche a pu établir un intervalle de temps pour lequel seul un effet de facilitation orthographique est observé (environ 30 msec), un intervalle où les deux effets orthographique et phonologique sont présents (environ 40 msec) et un autre intervalle où seul un effet de facilitation phonologique est observé (environ 60 msec). Ces travaux démontrent que les deux codes, orthographique et phonologique, influencent conjointement les performances de lecture silencieuse.

Aussi, Grainger, Kiyonaga et Holocomb (2006) ont mené une étude en anglais, à l'aide des potentiels évoqués électriques (PEV), rejoignant les conclusions quant à l'activation précoce du code orthographique par rapport au code phonologique, le code orthographique étant activé 50 msec avant le code phonologique.

4. LES EFFETS DE RÉGULARITÉ

Dans un système d'écriture alphabétique comme celui du français ou de l'anglais, la manière dont l'orthographe représente la structure phonologique des mots n'est pas strictement régulière. En effet, un même groupement de lettres peut donner lieu à des prononciations différentes. Par exemple, en français, la rime orthographique –ARS peut se prononcer de trois façons différentes : / ars / comme dans MARS, / a / dans GARS ou bien / ar / dans JARS. De la même façon, la prononciation de la lettre C va dépendre du contexte orthographique : C dans CERISE et / k / dans CARTABLE. De plus, le français contient de nombreuses exceptions. Par exemple, dans VILLE, la rime -ILLE se prononce / il / alors que dans FILLE elle se prononce / ij /. Aussi, des mots aussi fréquents que FEMME et OIGNON ne suivent pas les règles habituelles de correspondances graphèmes-phonèmes. Les correspondances graphèmes-phonèmes sont tout de même plus régulières en français qu'en anglais. Par exemple, la rime orthographique –OUGH peut se prononcer de cinq façons différentes en anglais (COUGH, DOUGH, THROUGH, BOUGH et TOUGH). D'autres langues alphabétiques sont très régulières, comme le serbo-croate, l'espagnol, l'italien et l'allemand, des langues pour lesquelles chacun des sons contenus dans un mot est représenté par une lettre ou une séquence de lettres unique.

4.1 Les effets de régularité

Plusieurs études ont manipulé la régularité orthographique des mots afin d'examiner les processus d'assemblage phonologique au cours de la lecture silencieuse. Un certain nombre d'études en décision lexicale et en prononciation ont mis en évidence un effet de régularité orthographique : ces études observent de meilleures performances pour les mots réguliers que pour les mots irréguliers (Parkin, 1982).

Cet effet de régularité en décision lexicale ne s'observe que pour les mots de basse fréquence (Hino & Lupker, 2000). Cette interaction est expliquée de la façon suivante : l'information orthographique disponible très rapidement pour les mots de haute fréquence ne permet pas à la phonologie assemblée de prendre part au processus d'identification.

Sereno et Rayner (2000) ont confirmé ces résultats dans une tâche de lecture silencieuse de phrases avec enregistrement des mouvements des yeux en montrant que les différences de temps de fixation entre les mots irréguliers et les mots réguliers ne s'observent que pour les mots de basse fréquence.

4.2 Remise en question de la définition de régularité

La notion de « régularité » a fait l'objet de nombreux débats. Parkin (1982) suggère que le caractère régulier ou irrégulier d'une règle de conversion graphème-phonème est déterminé en fonction de la fréquence d'occurrence de cette règle et de la taille du segment orthographique considéré.

Glushko (1979) propose une définition différente de la régularité prenant en compte la consistance entre la rime orthographique et sa prononciation : **la consistance grapho-phonologique**. Selon cette définition, un mot est considéré comme « inconsistant » lorsqu'il existe au moins un autre mot dont la rime orthographique se prononce différemment : ainsi, GENS et SENS sont tous deux considérés comme inconsistants car la rime orthographique se prononce différemment. Lorsque l'on prend en compte cet aspect, un robuste effet de consistance est obtenu uniquement dans la tâche de prononciation pour des mots de basse fréquence (Jared, McRae, & Seidenberg, 1990).

4.3 Nouvelle définition de la régularité : effet de consistance phono-graphémique

Stone, Vanhoy et Van Orden (1997) ont proposé la notion de **consistance phono-graphémique**, à savoir qu'une rime phonologique (comme /_/ en français) peut s'écrire de façon différente (MOT, PEAU, DOS, FAUX, SAUT). Ziegler, Montant et Jacob (1997) ont manipulé quatre types de mots dans leur tâche de décision lexicale : (1) des mots consistants grapho-phonologiquement et phono-graphémiquement (CUBE : les mots peuvent s'écrire et se prononcer d'une seule façon), (2) des mots inconsistants grapho-phonologiquement mais consistants phono-graphémiquement (MARS : la rime orthographique peut se prononcer de différentes manières mais la rime phonologique ne peut s'écrire que d'une seule façon), (3) des mots inconsistants phono-graphémiquement mais consistants grapho-phonologiquement (VENT : la rime phonologique peut s'écrire de plusieurs manières mais la rime orthographique ne peut se prononcer que d'une seule façon) et (4) des mots doublement inconsistants, grapho-phonologiquement et phono-graphémiquement (CROC : la rime orthographique peut se prononcer de plusieurs manières et la rime phonologique peut s'écrire également de plusieurs manières).

Par rapport aux mots doublement consistants, Ziegler *et al.* (1997) montrent que les temps de décision lexicale sont significativement plus lents pour les mots doublement inconsistants, pour les mots inconsistants grapho-phonologiquement (effet de régularité classique), et pour les mots inconsistants phono-graphémiquement. Ainsi, les fragiles effets de consistance observés quelques fois peuvent s'expliquer par un manque de contrôle sur le plan phono-graphémique.

5. LA PHONOLOGIE EST-ELLE NÉCESSAIRE POUR ACCÉDER À LA SÉMANTIQUE ?

Plusieurs travaux ont montré que l'activation sémantique passe nécessairement par une activation des codes phonologiques. Ces travaux ont utilisé des tâches dans lesquelles l'information sémantique est requise pour répondre.

Dans la tâche de jugement de phrases, deux types de phrases sont présentés au sujet. Le premier type de phrases contient un homophone du mot initial approprié (« A *beech* has sand » pour le mot « beach »). Cette phrase sonne comme une phrase réelle bien qu'elle soit incorrectement orthographiée. Dans le second type de phrases, le mot d'origine « beach » est remplacé par un mot non homophone mais proche orthographiquement, par exemple « A *bench* has sand ». Coltheart, Avons, Masterson et Laxon (1991) ont mis en évidence un taux d'erreurs positives significativement plus élevé pour les phrases incorrectes contenant un homophone (« *beech* ») que pour les phrases incorrectes comprenant un mot similaire orthographiquement mais non homophone (« *bench* »).

Daneman et Stainton (1991) augmentent la validité écologique de cette situation en demandant aux sujets de lire un long texte en prose. Les sujets lisent d'abord le texte dans une version qui ne contient pas d'erreurs. Dans la seconde partie de l'expérience, certains mots sont remplacés par des homophones incorrects et des contrôles orthographiques non homophoniques. La tâche des sujets est de vérifier que le texte ne contient pas d'erreurs. Les résultats montrent qu'au cours de la seconde lecture, les sujets détectent significativement moins souvent les homophones que les contrôles orthographiques. Van Orden (1991) obtient des résultats similaires avec des homophones et des pseudo-homophones, suggérant la nature prélexicale du code phonologique activé.

Les études enregistrant les mouvements des yeux au cours de la lecture de phrases et de textes montrent également que l'information phonologique permet l'accès à la sémantique. Dans l'expérience de Daneman, Reingold, et Davidson (1995) les sujets devaient lire une histoire, l'emphase étant mise sur sa compréhension, et appuyer sur un bouton dès qu'ils repéraient un mot n'allant pas dans le contexte. Les auteurs ont montré que les durées de fixation et la durée du regard étaient significativement plus longues pour des homophones incorrects que pour les homophones corrects. Selon Daneman *et al.* (1995), ces résultats suggèrent que le sens d'un mot est activé avant que ne le soit le code phonologique. Autrement dit, l'activation du code phonologique serait postlexicale.

Dans une tâche de catégorisation sémantique, Van Orden (1987) a demandé aux sujets de décider si un mot cible (ROWS, ROBS, ou TULIP) faisait partie d'une catégorie sémantique donnée (FLOWER). Le mot de base ROSE dont sont dérivés son homophone ROWS et son contrôle orthographique ROBS n'est jamais présenté dans l'expérience. Van Orden (1987) observe des taux d'erreurs positives plus importants lorsque les sujets doivent décider si l'item ROWS est un mot, comparativement aux autres items non-homophones. Ainsi, la séquence de lettres ROWS a été codée phonologiquement et a activé la représentation lexicale de ROSE. De plus, Van Orden, Johnston et Hale (1988) ont montré un effet identique pour des pseudo-homophones, ce qui suggère que le code phonologique activé est de nature prélexicale.

Certaines données de la neuropsychologie suggèrent que l'accès à la sémantique peut se faire sans passer par la phonologie, directement à partir de l'information orthographique. Certains patients peuvent en effet récupérer l'information sémantique d'un mot écrit alors que leur accès à l'information phonologique est défectueux (Coltheart & Coltheart, 1997). Il semble donc que les deux types d'informations, orthographique et phonologique, contribuent à l'activation sémantique dans la lecture silencieuse.

6. LA NATURE DU CODE PHONOLOGIQUE

6.1 La nature du code phonologique selon Berent et Perfetti (1995) : le modèle à deux cycles de la phonologie assemblée

L'assemblage phonologique est souvent considéré comme un mécanisme linéaire d'association des graphèmes et des phonèmes. Berent et Perfetti (1995) défendent au contraire l'hypothèse de la *multilinéarité* selon laquelle un mot possède une structure interne qui détermine le profil temporel du processus d'assemblage. En particulier, la représentation assemblée fait la distinction entre les consonnes et les voyelles en les assignant à des niveaux différents. La coordination de ces deux niveaux serait accomplie par un squelette, un ensemble d'unités temporelles abstraites.

Dans une série d'expériences utilisant la technique de masquage rétroactif, Berent et Perfetti (1995) ont manipulé le partage phonologique entre la cible et le post-masque linguistique. Pour des durées brèves de présentation (15 et 30 msec pour la cible, 30 msec pour le post-masque linguistique), les performances d'identifications correctes sont significativement meilleures pour les masques préservant les consonnes (comme dans « rake-RIKK ») que pour les masques préservant les voyelles (« rake-RAIB »). En revanche, pour des durées plus longues (45 msec pour la cible, 30 et 60 msec pour le post-masque linguistique), cet avantage des consonnes sur les voyelles disparaît. Ces résultats suggèrent que les consonnes et les voyelles sont bien assemblées en deux étapes consécutives. L'assemblage des consonnes se ferait rapidement et l'assemblage des voyelles, plus contrôlé, s'effectuerait dans un second cycle.

Dans une tâche de décision lexicale, Lukatela et Turvey (2000) ont remis en question le modèle à deux cycles de Berent et Perfetti (1995) à l'aide du paradigme d'amorçage rapide avec masquage. Les auteurs ont trouvé l'activation de l'information phonologique relative aux voyelles aussi robuste que celle relative aux consonnes. En effet, pour des durées brèves de présentation de l'amorce, les performances sont similaires lorsque les paires partagent seulement les consonnes (« GLEZE-glaze ») ou seulement les voyelles (« GLAME-glaze »). Ils montrent également un avantage pour une condition partageant à la fois les consonnes et les voyelles (« KLIP-clip ») comparé à une condition ne partageant que les consonnes (« CLEP-clip »).

Lee, Rayner, et Pollatsek (2001) ont utilisé un paradigme de la lettre manquante dans la tâche de lecture de phrases combiné au paradigme d'amorçage rapide. Les auteurs ont manipulé la nature de la lettre manquante : consonne (« bu-b ») ou voyelle (« b-lb ») et la durée de l'amorce : 30 ou 60 msec. Pour des durées de présentation de 30 msec, la contribution de l'information consonantique est plus grande que celle des voyelles, les durées de regard étant significativement plus longues dans la condition consonne-manquante que dans la condition voyelle-manquante. À 60 msec de présentation, les durées de regard sont similaires pour les conditions consonne-manquante et voyelle-manquante, ce qui suggère que la contribution de l'information vocalique se développe avec le temps, égalisant la contribution de l'information consonantique.

Une explication possible de l'avantage des consonnes sur les voyelles tient aux propriétés de l'orthographe anglaise. En effet, il existe une plus grande irrégularité dans les correspondances graphèmes/phonèmes pour les voyelles que pour les consonnes ; les consonnes étant considérées comme des « îlots de régularité ». Afin de déterminer si la supériorité des consonnes tient à une particularité du système orthographique anglais ou à leur caractère plus informatif, Colombo, Zorzi, Cubelli et Brivio (2003) ont testé le modèle à deux cycles en italien. Dans cette langue au système orthographique transparent, les auteurs ne montrent aucun avantage des consonnes sur les voyelles en italien.

6.2 Un code acoustique ou un code phonologique abstrait ?

Les études portant sur la phonologie ont essayé de déterminer si le code phonologique activé au cours de la lecture silencieuse correspondait à un code « acoustique » ou « phonétique » ou plutôt à un code phonologique relativement abstrait.

Dans la tâche de décision lexicale visuelle, Abramson et Goldinger (1997) ont fait varier des propriétés phonétiques du signal de parole comme la longueur de la voyelle en anglais. Les résultats montrent que les mots contenant une voyelle courte (comme « swap ») sont lus plus rapidement que ceux contenant une voyelle longue (comme « swan »). Les effets de longueur de la voyelle étant de nature articulatoire, ces résultats suggèrent que le code phonologique activé au cours de la lecture silencieuse est de nature « acoustique ». Toutefois, une interprétation alternative peut rendre compte de ces résultats. En effet, selon Berent, Bouissa et Tuller (2001), l'information segmentale est représentée à un niveau squelettique abstrait composé de consonnes et de voyelles. Un mot à voyelle courte comme « swap » n'aurait qu'une seule voyelle au niveau squelettique, tandis qu'un mot à voyelle longue comme « swan » serait représenté par deux voyelles au niveau squelettique. L'avantage de « swap » sur « swan » peut donc s'expliquer par une différence à un niveau squelettique abstrait, plutôt qu'à un niveau purement acoustique ou phonétique.

6.3 Nature sérielle vs parallèle du code phonologique ?

Carreiras, Ferrand, Grainger et Perea (2005) ont étudié la façon dont le codage phonologique dérive de l'information orthographique. En particulier, les auteurs ont abordé la question suivante : le code phonologique est-il calculé de façon séquentielle (du début à la fin de mot) ou parallèle (simultanément à travers tout le mot) ? Les auteurs ont utilisé dans une tâche de décision lexicale et de prononciation des mots français bisyllabiques (comme FAUCON) amorcés par des pseudomots masqués et présentés très brièvement. Les mots cibles étaient amorçés par des pseudomots qui partageaient la première syllabe phonologique (e.g., fomie-FAUCON) ou la seconde (e.g., retôt-GATEAU). Ces paires reliées phonologiquement étaient comparées à des paires non-reliées (e.g., pémie-FAUCON ; redin-GATEAU). Dans les deux tâches, les résultats montrent un effet de facilitation phonologique seulement lorsque le partage concerne la première syllabe. Ces résultats suggèrent que, pour les mots polysyllabiques, le code phonologique est calculé de façon séquentielle, que ce soit en lecture silencieuse ou en lecture à voix haute.

6.4 Conclusion concernant la nature du code phonologique

Les travaux examinés concernant la nature du code phonologique activé au cours de la lecture silencieuse nous amènent à rejeter l'hypothèse d'un code phonologique linéaire constitué d'un ensemble de phonèmes ordonnés sériellement. Au contraire, ce code phonologique semble multilinéaire et suit une organisation hiérarchique sur plusieurs niveaux : un niveau segmental, contenant les segments phonologiques correspondant aux phonèmes (assignant les consonnes et les voyelles spécifiées à des niveaux différents), et un niveau squelettique spécifiant la structure abstraite en termes consonnes-voyelles. Par ailleurs, ce codage phonologique semble être de nature séquentielle, que ce soit en lecture silencieuse ou à voix haute (du moins pour les mots polysyllabiques). Quant à la nature précise de cette information segmentale, acoustique ou phonologique abstraite, les travaux ne sont pas encore suffisamment avancés pour pouvoir trancher entre les deux types de représentations.

ENCADRÉ 4.1

Bases neurales du codage phonologique en anglais (système alphabétique) et en chinois (système logographique) d'après Tan, Laird, Li et Fox (2005).

Récemment, Tan *et al.* (2005) ont réalisé une méta-analyse de 19 études d'imagerie cérébrale (IRMf et TEP) étudiant le traitement phonologique dans la lecture silencieuse, dont 6 études en chinois et 13 études en anglais. Ces études ont utilisé principalement des tâches de jugement de rime, de jugement homophonique ou encore de décision phonologique.

Les résultats de cette méta-analyse montrent une concordance élevée de l'activité cérébrale à travers les différentes études dans chacun des systèmes d'écritures (le chinois et l'anglais) mais témoignent également de différences (voir figure 4.3a et b).

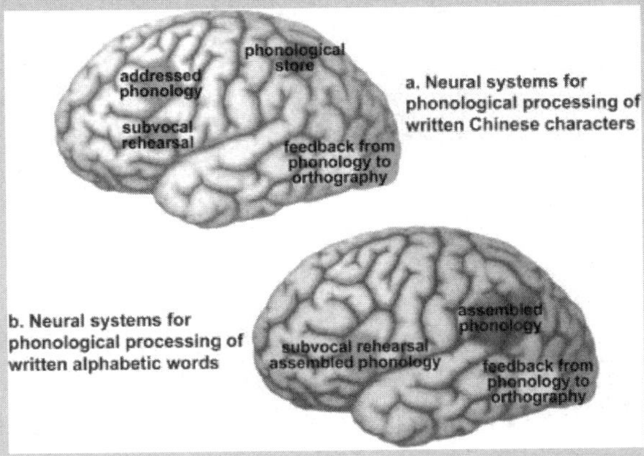

FIGURE 4.3
Systèmes cérébraux impliqués dans le codage phonologique du chinois (a) et de l'anglais (b), d'après Tan et al. (2005).

Tan *et al.* (2005) suggèrent que la région latérale dorsale gauche est responsable de l'analyse visuo-spatiale des caractères chinois et de la mise en correspondance entre l'orthographe et la phonologie au niveau syllabique. Cette région est également supposée servir de centre de stockage à long-terme pour les représentations phonologiques du chinois (phonologie adressée).

Le site postérieur gauche des régions temporopariétales est important pour l'anglais, mais pas pour le chinois. Ce système postérieur permet la conversion graphème-phonème ainsi que l'analyse phonémique fine (Booth *et al.*, 2004 ; Poldrack *et al.*, 2001). Ce système est donc considéré comme responsable de la phonologie assemblée.

ENCADRÉ 4.1 (suite)

La région postérieure impliquant la partie dorsale de la région pariétale inférieure gauche sous-tend le traitement phonologique en chinois mais pas en anglais. La fonction générale de cette région serait de stocker temporairement l'information phonologique en mémoire de travail. L'anglais ne ferait pas appel à ce système de maintenance à court-terme car les lecteurs peuvent activer la phonologie par assemblage.

Le système préfrontal ventral comprenant la partie supérieure du cortex frontal inférieur gauche contribuerait au traitement phonologique du chinois et de l'anglais, mais jouerait un rôle plus important en anglais. Ce système, avec l'aire motrice supplémentaire, permettrait la conversion graphème-phonème et la répétition via la subvocalisation.

Enfin, le système temporo-occipital ventral, impliqué dans la forme visuelle des mots (Cohen *et al.*, 2000 ; Dehaene *et al.*, 2004), serait relié au traitement phonologique du chinois et de l'anglais. Toutefois, il existe des différences mineures dans la localisation spatiale de ce système pour les deux écritures. Le gyrus fusiforme médial est plus pertinent pour le chinois alors que la région fusiforme latérale gauche est plus importante pour l'anglais. Ce circuit neural peut donc être universellement sensible aux propriétés phonologiques des mots et responsable de la rétroaction de la phonologie vers l'orthographe, que ce soit au niveau syllabique (chinois) ou phonémique (anglais).

7. MODÈLES DE LA LECTURE SILENCIEUSE INCORPORANT UN CODAGE PHONOLOGIQUE

7.1 Le modèle à Activation-Interactive complet de McClelland & Rumelhart (1981)

Ce modèle hiérarchique à activation en cascade prend en compte un niveau de traitement phonologique infralexical.

L'architecture du modèle (voir Figure 4.4) est caractérisée par une organisation entre le niveau des unités orthographiques infralexicales (lettres ou groupements de lettres) connecté au niveau des unités phonologiques infralexicales (phonèmes ou groupements de phonèmes), tous deux connectés au niveau des représentations lexicales (mots). Cette organisation triangulaire implique des connexions directes des unités orthographiques vers les unités mots et les unités phonologiques. Ces unités phonologiques sont également directement connectées au niveau des mots. Les connexions entre les mots sont uniquement inhibitrices (inhibition lexicale ou intra-niveau), alors que les connexions entre les différentes unités (orthographiques, phonologiques, mots) sont excitatrices (facilitation inter-niveaux).

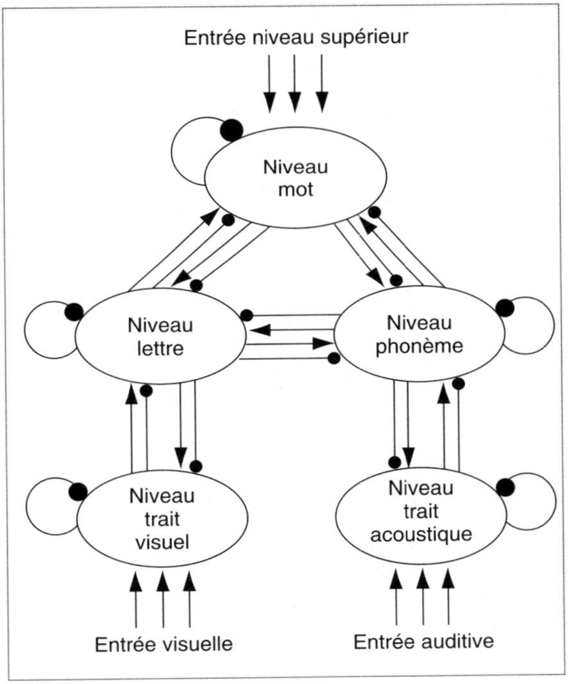

FIGURE 4.4
Version complète du modèle à activation interactive, d'après McClelland & Rumelhart (1981).
Les flèches représentent les connexions excitatrices alors que les ronds représentent les connexions inhibitrices.

Un mot est identifié sur la base de l'activation simultanée et générale des deux sources d'information indépendantes que sont l'orthographe et la phonologie.

7.1.1 Le modèle à Activation multiple de Grainger et Ferrand (1994, 1996)

L'architecture du modèle est une extension du modèle à Activation Interactive. L'extension du modèle implique l'addition d'unités phonologiques infralexicales et la distinction entre des représentations lexicales orthographiques et des représentations lexicales phonologiques. Ce modèle incorpore également des unités de sortie articulatoire. Cette extension est motivée par des résultats expérimentaux récents en faveur du rôle de l'information phonologique dans l'identification visuelle des mots, par des études de patients dyslexiques, et par des données de l'imagerie cérébrale sur le langage.

Les informations orthographique et phonologique sont considérées comme deux sources séparées qui contactent les représentations lexicales. Elles contribuent de façon indépendante à l'identification des mots écrits mais l'activation de l'information orthographique précède toujours l'activation de l'information phonologique. Les représentations phonologiques lexicales peuvent être activées conjointement par les représentations orthographiques lexicales et par les représentations phonologiques infralexicales. Le décours temporel du flux d'information détermine l'impact relatif de l'information orthographique et de l'information phonologique aux différents moments de traitement dans l'identification et la prononciation des mots.

7.1.2 Implémentation du modèle de Grainger et Ferrand (1994, 1996) par Jacobs et al. (1998)

L'architecture proposée par Grainger et Ferrand (1994, 1996) a été reprise dans une version anglaise implémentée par Jacobs *et al.* (1998), appelée MROMp (« Multiple Read-Out Model including Phonology »). Le lexique orthographique comprend 2492 mots bisyllabiques anglais de 3 à 5 lettres et le lexique phonologique comprend 2323 formes phonologiques. Les unités orthographiques infralexicales correspondent à des lettres et sont codées par position relative. Les unités phonologiques infralexicales de MROMp correspondent à des phonèmes séparés en 51 attaques, 34 noyaux vocaliques et 78 codas. La connexion entre les unités orthographiques et phonologiques infralexicales est gouvernée par un système de règles de conversions (Coltheart *et al.*, 1993).

Jacobs *et al.* (1998) ont simulé avec succès des effets obtenus en décision lexicale tels que l'effet de pseudo-homophonie et les effets de consistance grapho-phonologique et phono-graphémique. Il reste à simuler maintenant les effets d'amorçage avec masquage ainsi que le décours temporel de l'activation des codes orthographique et phonologique.

7.2 Le modèle à traitement parallèle distribué (PDP) de Seidenberg et McClelland (1989)

Le modèle connexionniste de Seidenberg et McClelland (1989) utilise des représentations distribuées et des connexions variables. L'identification d'un mot implique le calcul d'un patron d'activations des différentes unités orthographique, phonologique et sémantique. Le modèle consiste en un réseau de 400 unités utilisées pour coder l'information orthographique, 460 unités utilisées pour coder l'information phonologique, et 200 unités cachées faisant le lien entre les unités orthographiques et phonologiques. Chaque mot est représenté par une configuration de ces unités interconnectées. Ce modèle possède une procédure d'apprentissage connue sous le nom de *rétropropagation de l'erreur* et permettant de modifier les connexions automatiquement. Elle consiste à présenter un stimulus au modèle, à laisser l'activation se propager à travers les couches successives du réseau et à comparer le résultat obtenu avec la réponse attendue. Les connexions sont ensuite modifiées de façon à diminuer l'écart entre la réponse désirée et la réponse obtenue.

L'entrée du système est une suite de lettres encodée comme un patron d'activation en trigrammes orthographiques. Par exemple, les unités orthographiques du mot RIRE sont codées par les trigrammes de lettres suivants : RIRE = -RI, RIR, IRE, et RE-. De la même façon, les représentations phonologiques de **/rir/** vont être codées par des triplets de traits phonétiques : **/rir/** = **/-ri/**, **/rir/**, et **/ir-/**. Ce que le modèle va apprendre pour le mot RIRE va se transférer à tous les trigrammes qui partagent une ou plusieurs unités (par exemple, RIVE, RIME, RIDE, RITE, DIRE, CIRE, LIRE, MIRE, PIRE, SIRE, RARE, GARE, MARE, DURE, MERE, PERE, etc.). Ainsi, le réseau va généraliser la réponse pour un mot donné à ses « voisins ».

Les représentations sémantiques des mots de haute fréquence sont directement activées par l'information orthographique. La signification d'un mot de haute fréquence serait suffisamment activée par l'information orthographique pour être identifiée précocément. Pour les mots de basse fréquence, la sémantique ne serait pas suffisamment activée sur la base seule de l'orthographe et devrait attendre l'arrivée de la phase d'activation phonologique pour permettre une identification.

Plaut, McClelland, Seidenberg, et Patterson (1996) ont développé une version modifiée du modèle de Seidenberg et McClelland (1989) en abandonnant le système des représentations distribuées pour le remplacer par des unités discrètes et locales.

Harm et Seidenberg (2004) ont récemment développé la partie sémantique du modèle de Seidenberg et McClelland (1989), en modélisant les deux connexions menant au codage sémantique, la connexion « directe » : orthographe → sémantique, et la connexion « phonologique » : orthographe → phonologie → sémantique. Harm et Seidenberg (2004) défendent l'idée d'une *dépendance* des deux routes. L'activation coopérative et conjointe des deux sources d'information orthographique et phonologique permet une récupération sémantique plus efficace que l'activation issue d'une seule des deux composantes.

La procédure d'apprentissage du modèle utilise une variante de la rétropropagation de l'erreur. Après une première phase d'apprentissage impliquant la mise en correspondance de la phonologie et de la sémantique (simulant ainsi la perception de parole) et de la sémantique et de la phonologie (simulant ainsi la production de parole), la composante orthographique a été présentée au modèle. Une fois ces deux phases d'apprentissage accomplies, le modèle est capable de simuler avec succès de nombreux effets empiriques.

7.3 Le modèle subsymbolique de Van Orden, Pennington, et Stone (1990)

Van Orden *et al.* (1990) proposent un modèle subsymbolique du traitement de l'information. Ces auteurs ne reconnaissent pas de preuve convaincante en faveur d'une reconnaissance purement orthographique des mots. L'architecture de ce modèle est triangulaire et comprend des subsymboles visuels, phonologiques et sémantiques interconnectés.

L'identification émerge de la covariance entre des sous-symboles orthographiques et phonologiques. La dynamique visuo-phonologique est prioritaire sur la dynamique visuo-sémantique car les correspondances entre les représentations orthographiques et leurs représentations phonologiques sont généralement meilleures et plus fortes que celles entre ces mêmes représentations orthographiques et leurs fonctions sémantiques. Van Orden *et al.* (1990) proposent ainsi *l'hypothèse de la cohérence phonologique*, une correspondance relativement invariante entre les représentations orthographiques et les représentations phonologiques. En effet, la primauté de la parole sur l'écrit au cours de l'acquisition de la parole donne lieu à des connexions plus solides entre la phonologie et le niveau sémantique. Le système orthographique des lecteurs se développe seulement plus tard, en venant se greffer sur le système du langage parlé déjà existant. L'orthographe, considérée comme représentant le langage parlé, est plus fortement liée à la phonologie qu'à la sémantique. Cette correspondance relativement invariante entre les représentations orthographiques et les représentations phonologiques explique que la lecture silencieuse repose nécessairement sur la phonologie.

7.4 Le modèle à Deux Routes en Cascade de Coltheart, Rastle, Perry, Langdon et Ziegler (2001)

L'architecture du modèle présentée dans la Figure 4.5 comprend trois routes : une route lexicale/sémantique, une route lexicale/non-sémantique, et une route non lexicale reposant sur les règles de conversion graphèmes → phonèmes. Chaque route contient des représentations symboliques locales (26 lettres, 7891 mots monosyllabiques, 43 phonèmes). Les différentes unités peuvent interagir via des connexions excitatrices ou inhibitrices (sauf entre le lexique orthographique et le lexique phonologique où les connexions sont excitatrices seulement). L'activation et l'inhibition se propagent en cascade, de façon graduelle et interactive, d'un niveau à l'autre. Cette transmission en cascade permet de lire des nonmots et de simuler la lecture silencieuse et la lecture à voix haute. Cependant, il ne dispose pas d'un mécanisme d'apprentissage.

Comme les unités du lexique phonologique, les unités du lexique orthographique sont interconnectées par des connexions inhibitrices (mécanismes d'inhibition mutuelle de McClelland & Rumelhart, 1981). Il existe une unité phonologique pour chaque unité orthographique lexicale. Les homophones hétérographes comme « saut » et « sceau » ont des unités différentes dans le lexique orthographique mais communes dans le lexique phonologique. Les homographes hétérophones comme « fils » ont une seule unité dans le lexique orthographique mais des unités différentes dans le lexique phonologique (/fil/ vs /fis/).

La route lexicale non-sémantique va conduire les traits visuels d'un mot à activer les unités lettres (en parallèle à toutes les positions). Ces unités lettres vont activer, via l'unité orthographique correspondante dans le lexique orthographique, l'unité phonologique correspondante dans le lexique phonologique. Cette unité phonologique va activer à son tour les phonèmes correspondants. Dans le lexique orthographique, les unités sont

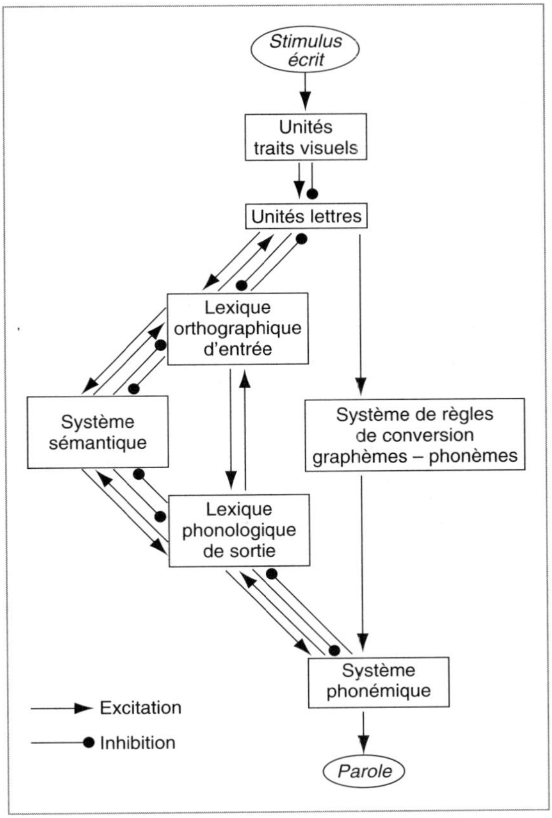

FIGURE 4.5
Modèle DRC (Dual Route Cascade) de Coltheart, Rastle, Perry, Langdon et Ziegler (2001).

pondérées par leur fréquence d'occurrence, de sorte que l'activation d'un mot de haute fréquence augmentera plus rapidement que celle d'un mot de basse fréquence.

La route non lexicale convertit une suite de lettres en une suite de phonèmes grâce à des règles de conversion graphèmes → phonèmes (GP). Pour un graphème donné, le phonème assigné correspond au plus fréquent. La conversion GP se fait de façon sérielle, de gauche à droite, phonème après phonème.

Les performances du modèle sont excellentes, autant dans la lecture de mots que dans la lecture de nonmots (98,9 % de lectures correctes). Outre les nombreux effets simulés dans les tâches de décision lexicale, d'identification et de prononciation, le modèle DRC simule avec succès deux types de dyslexies : la dyslexie phonologique et la dyslexie de surface. La dyslexie phonologique est un trouble spécifique de la route non-lexicale (Coltheart, 1996) qui se traduit par des difficultés pour lire les nonmots. La dyslexie de surface est un trouble spécifique de la route lexicale (Patterson, Marshall, & Coltheart, 1985) qui se traduit par des difficultés pour prononcer des mots irréguliers, tandis que la prononciation des mots réguliers et des nonmots est préservée. La dyslexie phonologique et la dyslexie de surface sont facilement simulables en diminuant respectivement le paramètre d'activation de la route non-lexicale et de la route lexicale à zéro.

Cependant, le modèle rencontre des difficultés techniques lorsqu'il est question de simuler les effets d'amorçage rapide avec masquage et son extension aux mots polysyllabiques serait souhaitable.

7.5 Le modèle Connexionniste à Deux Processus (CDP+) de Perry, Ziegler et Zorzi (2007)

Très récemment, Perry, Ziegler et Zorzi (2007) ont proposé un nouveau modèle de lecture à voix haute, le modèle CDP+ (« Connectionist Dual Process » model). CDP+ appartient à la famille des modèles à deux routes et utilise une architecture entièrement connexionniste. Le point de départ du modèle est l'utilisation de l'architecture de base d'un modèle antérieur, CDP, développé par Zorzi, Houghton et Butterworth (1998) où la composante sous-lexicale est particulièrement importante. Le buffer phonologique de sortie correspond à un réseau compétitif dans lequel les codes phonologiques lexicaux et sous-lexicaux sont intégrés en temps réel afin d'accéder à la prononciation.

La route lexicale de CDP+ implémente la même route que celle de DRC (Coltheart *et al.*, 2001). Dans la route sous-lexicale, Perry *et al.* (2007) ont ajouté un buffer graphémique tout en conservant le réseau de la phonologie assemblée à deux niveaux de Zorzi *et al.* (1998). Le corpus testé au cours de l'apprentissage est composé de 7383 mots. Les performances globales du modèle CDP+ pour la prononciation des mots et des nonmots sont excellentes et le modèle est capable de simuler avec succès de très nombreux effets. CDP+ est de loin supérieur aux autres modèles (DRC, PDP, CDP) pour prédire la variance des items issus de larges bases de données.

Perry *et al.* (2007) n'ont pas simulé les données obtenues à l'aide de la tâche de décision lexicale car CDP+ est essentiellement un modèle de prononciation. Toutefois, puisque CDP+ est équipé d'une route lexicale identique à celle de DRC, il semble être capable de simuler des décisions lexicales comme dans DRC. Par ailleurs, bien que le décours temporel des codes orthographique et phonologique ne soit pas simulé, Perry *et al.* (2007) soulignent que la phonologie assemblée dans CDP+ est suffisamment rapide pour pouvoir simuler les effets d'amorçage phonologique précoces.

Le modèle CDP+ est très puissant et extrêmement prometteur. Il permet de simuler de nombreux effets là où DRC et PDP échouent et ses futures extensions (simulation des résultats obtenus en décision lexicale ; implémentation du niveau sémantique ; extension aux mots polysyllabiques et à d'autres langues que l'anglais) permettront certainement une avancée capitale dans la compréhension de la lecture silencieuse et à voix haute.

Résumé

Dans ce chapitre, nous avons abordé trois positions classiques concernant le codage phonologique : la théorie de l'accès direct (selon laquelle seul le codage orthographique joue un rôle sans aucun rôle joué par la phonologie) ; la théorie de la médiation phonologique (selon laquelle seul le codage phonologique joue un rôle) ; et la théorie des deux routes (selon laquelle le code orthographique est dominant et le code phonologique optionnel). Il existe deux façons différentes d'obtenir le code phonologique : par assemblage des graphèmes et des phonèmes (phonologie prélexicale ou assemblée) ou par adressage de la forme phonologique globale stockée dans le lexique mental (phonologie lexicale ou adressée).

Nous avons ensuite décrit les expériences classiques d'interférence phonologique (effets d'homophonie et de pseudo-homophonie) mais aussi de facilitation phonologique et orthographique en amorçage avec masquage. En particulier, les travaux de Ferrand et Grainger ont permis (1) de décrire le décours temporel des codes orthographiques et phonologiques ; (2) de dissocier le code orthographique du code phonologique ; et (3) de dissocier le code phonologique prélexical du code phonologique lexical.

Nous avons abordé les effets de régularité / consistance grapho-phonologique et phono-graphémique, confirmant que le codage phonologique est utilisé de façon automatique au cours de la lecture silencieuse.

Nous avons décrit les caractéristiques générales du code phonologique, sa généralité ainsi que sa robustesse à travers les paradigmes.

Enfin, dans la dernière partie du chapitre, nous avons présenté les principaux modèles du codage phonologique.

MOTS CLÉS

Pouvez-vous donner une définition de chacune des notions suivantes ?

- Accès direct
- Assemblage à deux cycles
- Effet d'amorçage phonologique
- Effet d'homophonie
- Effet de consistance phono-graphémique
- Effet de consistance grapho-phonologique
- Effet de pseudo-homophonie
- Médiation phonologique
- Phonologie lexicale (adressée)
- Phonologie prélexicale (assemblée)
- Théorie à activation multiple
- Théories des deux routes

DES QUESTIONS POUR MIEUX RETENIR

1. Quelles sont les trois positions classiques sur le rôle de l'information phonologique dans la lecture silencieuse ?
2. Quelle est la différence entre l'effet de pseudo-homophonie et l'effet d'homophonie ?
3. Rappelez comment Ferrand et Grainger dissocient le code phonologique du code orthographique.
4. Quelle est la différence entre la régularité et la consistance orthographique ?
5. Rappelez en quoi consiste les deux cycles du modèle de Berent et Perfetti (1995). Ce modèle est-il validé par les différentes données empiriques ?
6. Décrivez les deux processus de lecture impliqués dans le modèle à deux routes de Coltheart, Rastle, Perry, Langdon et Ziegler (2001).
7. Quels sont les avantages du nouveau modèle CDP+ de Perry, Ziegler et Zorzi (2007) par rapport aux autres modèles de la lecture à voix haute ?

Des lectures pour aller plus loin

Coltheart, M., Rastle, K., Perry, C., Langdon, R., & Ziegler, J. (2001). DRC : A Dual Route Cascaded model of visual word recognition and reading aloud. *Psychological Review, 108(1),* 204-256.

Ferrand, L. (1995). Evaluation du rôle de l'information phonologique dans l'identification des mots écrits. *L'Année Psychologique, 95,* 293-315.

Ferrand, L. (2004). Nature des codes phonologiques activés au cours de la lecture silencieuse. In L. Ferrand & J. Grainger (Eds), *Psycholinguistique Cognitive* (pp. 215-232). Bruxelles : De Boeck Université, Collection Neurosciences et Cognition.

Harm, M.W., & Seidenberg, M.S. (2004). Computing the meanings of words in reading : Cooperative division of labor between visual and phonological processes. *Psychological Review, 111,* 662-720.

Perry, C., Ziegler, J.C., & Zorzi, M. (2007). Nested incremental modelling in the development of computational theories : The CDP+ model of reading aloud. *Psychological Review, 114(2),* 273-315.

CHAPITRE 5

Le codage morphologique

SOMMAIRE

INTRODUCTION

Dans ce chapitre, nous abordons le codage des mots morphologiquement complexes ou polymorphémiques. En français, on estime que 75 % des mots connus par un lecteur normal sont des mots morphologiquement complexes. Nous aborderons le codage, le mode d'organisation et de récupération des représentations morphologiques. Nous aborderons également la localisation des représentations morphologiques par rapport aux autres représentations (orthographiques, phonologiques et sémantiques). Nous verrons que la plupart des modèles actuels du codage morphologique suggèrent que les unités morphologiques sont représentées par des unités symboliques ou locales discrètes.

1. LA NATURE DES REPRÉSENTATIONS MORPHOLOGIQUES

1.1 Définition d'un morphème

Les *morphèmes* sont les plus petites unités de forme porteuses de sens qu'il soit possible d'isoler. Contrairement au mot morphologiquement simple qui ne contient qu'un seul morphème de base (« fleur »), le mot morphologiquement complexe contient plusieurs morphèmes (« chanteur » où « chant- » est le morphème de base ou la racine et « -eur » est un morphème signifiant une personne faisant l'action indiquée par le verbe). La relation entre les deux morphèmes d'un mot morphologiquement complexe peut être *sémantiquement transparente* (comme dans « chanteur ») ou *sémantiquement opaque* (comme dans « acteur » pour lequel le verbe « acter » n'existe pas).

Les morphèmes de base (appelés aussi « racines » ou « morphèmes libres »), sont autonomes et concernent généralement des noms, des verbes et des adjectifs. *Les morphèmes liés* (appelés aussi « affixes »), concernent les marques de pluriel, de conjugaison, et n'existent jamais à l'état libre. Ces deux types de morphèmes sont représentés dans Figure 5.1 : les morphèmes de base ou racines sont en gras et les morphèmes liés ou affixes sont présentés en italique.

1.2 Morphologie dérivationnelle et morphologie flexionnelle

On distingue classiquement deux types de morphologie : *la morphologie flexionnelle et la morphologie dérivationnelle*. La morphologie flexionnelle étudie les variations des formes des mots en fonction de leur contexte syntaxique. Ces variations sont appelées formes fléchies et correspondent aux variantes grammaticales d'un mot. Il s'agit des formes conjuguées des verbes (« mange », « mangeons », « mangez », « mangent »,

chaise*s*
petit*es*
fleur
tomb*erait*
dans*eur*
chant*eurs*
*in***complet**
*re***peindre**

FIGURE 5.1
Liste de mots comprenant des morphèmes de base ou racines (en gras) et des morphèmes liés ou affixes (en italique).

« mangèrent », etc.) et des formes déclinées (plurielles et/ou masculines/féminines) des noms et des adjectifs (« fleurs », « gentils », « gentille », « gentilles »).

La morphologie dérivationnelle étudie la formation de mots nouveaux à partir de mots existants. Il existe deux types de mots nouveaux : *les mots dérivés* (par exemple « décoller », « recoller », « décollable ») et *les mots composés* (comme « croque-monsieur », « canapé-lit », « camion-citerne »). Les mots dérivés sont formés à partir de mécanismes appelés la suffixation et la préfixation. Les préfixes s'ajoutent en début d'un morphème de base (par exemple, le préfixe « re- » dans « recoller »). Les suffixes s'ajoutent à la fin du morphème de base (par exemple, « -age » dans « collage »).

1.3 Langues isolantes, agglutinatives et flexionnelles

La structure des mots morphologiquement complexes varie à travers les langues. Dans les langues *isolantes* comme le chinois, les mots tendent à être monomorphémiques. Dans les langues *agglutinatives* comme le turc ou le finnois, les mots peuvent être composés d'une longue suite de préfixes, de racines et de suffixes. Dans les langues *flexionnelles*, comme l'anglais, l'hébreu ou le français, les mots sont parfois composés de plusieurs morphèmes. Parmi les langues flexionnelles, on distingue les langues concaténatives des langues non concaténatives. Dans les langues *concaténatives*, comme l'anglais, le français, l'italien ou le serbo-croate, la formation morphologique la plus répandue correspond à l'affixation d'une unité morphologique au morphème de base. Cette affixation correspond à trois processus : la préfixation (position initiale ; par exemple « **re**chanter »), la suffixation (position finale ; par exemple, « chant**eur** »), et l'infixation (position interne ; par exemple « chant**onn**er »). La tendance de ces langues est de concaténer les préfixes et les suffixes au morphème de base de manière linéaire, en modifiant peu sa structure orthographique et phonologique. Dans les langues *non concaténatives*, comme l'hébreu, la formation morphologique repose principalement sur l'infixation. Par exemple, l'hébreu repose sur l'entrelacement ou la fusion de deux morphèmes : un squelette de consonnes (correspondant au morphème de base ou à la racine) et un pattern phonologique de voyelles (ou de voyelles et de consonnes).

Est-ce que les mots morphologiquement complexes sont représentés de manière non-décomposable, ou bien est-ce que leurs représentations reflètent leur structure morphologique ? La réponse à cette question n'est pas totalement indépendante de la langue considérée et a des implications importantes non seulement sur la nature et le mode d'organisation des représentations morphologiques, mais également sur la nature des mécanismes de codage et de récupération de ces représentations au cours de la lecture.

2. LES EFFETS D'AMORÇAGE MORPHOLOGIQUE

2.1 Amorçage purement morphologique vs. amorçage formel (orthographique / phonologique)

2.1.1 Amorçage morphologique à long et moyen terme

La première étude à avoir mesuré un effet d'amorçage morphologique à long terme est celle de Murrell et Morton (1974). Dans une tâche d'identification perceptive, les pourcentages d'identifications correctes sont meilleurs lorsqu'une amorce reliée morphologiquement à la cible (comme « cars-CAR ») est présentée dans la phase d'étude. En revanche, aucun effet de facilitation n'est observé lorsque l'amorce et la cible sont reliées uniquement d'un point de vue formel (orthographique et phonologique, comme « card-CAR »).

Dans une tâche de décision lexicale, Stanners *et al.* (1979) ont obtenu un effet d'amorçage morphologique pour des amorces fléchies (« manages-MANAGE ») de même amplitude que l'effet de répétition (« manage-MANAGE »). L'effet d'amorçage morphologique pour les amorces dérivées (« management-MANAGE ») était quant à lui de moindre amplitude. Au vu de ces résultats, les auteurs ont suggéré que les morphèmes de base et les formes fléchies partagent l'entrée lexicale tandis que les formes dérivées auraient des entrées lexicales séparées.

Dans une autre expérience de décision lexicale, Fowler, Napps et Feldman (1985) ont montré que l'effet d'amorçage morphologique est de même amplitude que l'effet de répétition, et ce que l'amorce liée morphologiquement soit régulière (transparente) ou irrégulière (opaque). Ces résultats démontrent que l'effet d'amorçage morphologique est obtenu indépendamment du partage phonologique / orthographique.

Une autre preuve en faveur d'un effet morphologique non-réductible au partage orthographique vient des expériences réalisées en serbo-croate (Feldman & Andjelkovic, 1992). L'avantage de cette langue est de pouvoir présenter une amorce en cyrillique et une cible en roman, les deux items ayant un minimum de partage orthographique. Les auteurs ont mis en évidence un effet d'amorçage morphologique de même amplitude, que l'amorce soit écrit dans un alphabet différent (НОГОМ-NOGA) ou identique à celui de la cible (NOGOM-NOGA).

2.1.2 Amorçage morphologique masqué à très court terme

Afin d'éliminer le rôle potentiel de la mémoire épisodique et des stratégies post-lexicales, certains chercheurs ont utilisé la tâche d'amorçage rapide avec masquage. Forster, Davis, Schoknecht & Carter (1987) ont montré que la présentation de l'amorce masquée « made » facilitait autant le traitement de la cible « MAKE » que la condition de répétition (« make-MAKE »).

Grainger, Colé et Segui (1991) ont suggéré une autre interprétation selon laquelle les mots morphologiquement reliés auraient des connexions facilitatrices en mémoire, l'activation d'une de ces représentations augmentant le niveau d'activation de tous les autres membres de la famille morphologique. Grainger *et al.* (1991) ont ainsi manipulé la fréquence relative d'amorces et de cibles liées morphologiquement dans la tâche de décision lexicale avec masquage et amorçage rapide. Le mot cible le moins fréquent de la paire morphologique était amorcé par une amorce reliée morphologiquement (« mural-MURET » ; « retour-DETOUR »), non-reliée morphologiquement mais similaire orthographiquement (« murir-MURET » ; « séjour-DETOUR »), ou totalement non-reliée (« nanti-MURET » ; « table-DETOUR »). La moitié des paires était préfixée (« retour-DETOUR ») et l'autre moitié était suffixée (« mural-MURET »). Quelle que soit la fréquence de la cible et sa nature morphologique, les résultats montrent un effet d'amorçage purement morphologique. L'effet d'amorçage orthographique inhibiteur est marginalement significatif pour les suffixés et ce quelle que soit la fréquence des cibles. Ces résultats montrent clairement, en l'absence de toute influence épisodique et stratégique, qu'un effet d'amorçage morphologique existe indépendamment du partage orthographique.

En résumé, l'effet d'amorçage morphologique (1) ne dépend pas du partage orthographique et/ou phonologique, (2) est obtenu dans plusieurs langues (concaténatives et non concaténatives), (3) est observé lorsque l'amorce est morphologiquement complexe et la cible morphologiquement simple et vice versa, (4) est obtenu pour les mots fléchis et dérivés (avec une tendance à observer un effet plus fort pour les formes fléchies que pour les formes dérivées).

2.2 Amorçage morphologique vs. amorçage sémantique

Étant donné que les paires morphologiquement reliées partagent le morphème de base et que les morphèmes sont généralement définis comme des unités de sens, Plaut et Gonnerman (2000) proposent que l'effet d'amorçage morphologique résulte d'un partage sémantique.

2.2.1 Amorçage morphologique à long et moyen terme

Feldman (1992) a dissocié l'effet d'amorçage morphologique de l'effet d'amorçage sémantique dans la tâche de décision lexicale en utilisant un lag moyen de 10 items. Les cibles étaient précédées soit par elles-mêmes (« create-CREATE »), soit par une amorce fléchie sémantiquement transparente (« creation-CREATE ») ou opaque (« creature-

CREATE »). Feldman (1992) a obtenu un effet de répétition (+93 msec), et un effet d'amorçage morphologique de même amplitude pour les deux types d'amorce. Ces résultats suggèrent que la transparence sémantique n'affecte pas l'effet de facilitation morphologique.

Bentin et Feldman (1990) ont dissocié l'effet d'amorçage morphologique de l'effet d'amorçage sémantique en hébreu lorsque le lag entre l'amorce et la cible était long (15 items en moyenne) ou égal à zéro. Les mots cibles étaient amorcés soit par une amorce reliée morphologiquement seulement, soit par une amorce reliée sémantiquement seulement, soit par une amorce reliée morphologiquement et sémantiquement. Les résultats de cette expérience de décision lexicale sont présentés dans le Tableau 5.1.

TABLEAU 5.1

Temps de décision lexicale (en millisecondes) et pourcentages d'erreurs (entre parenthèses) dans l'expérience en hébreu de Bentin et Feldman (1990).

	Lag = 0	Lag = 15
Morphologiquement reliés seulement	589 (1,8)	587 (1,0)
Sémantiquement et morphologiquement reliés	559 (1,0)	583 (2,6)
Sémantiquement reliés seulement	563 (2,1)	611 (1,1)
Condition totalement non reliée	606 (1,2)	606 (1,2)
Effet purement morphologique	+17 msec	+19 msec
Effet purement sémantique	+43 msec	– 5 msec
Effet combiné	+47 msec	+23 msec

Les résultats montrent que l'effet de facilitation purement morphologique reste stable à travers les lags courts (+ 17 msec) et longs (+ 19 msec), tandis que l'effet de facilitation purement sémantique n'est obtenu que pour le lag court (+ 43 msec). Pour le lag=0, l'effet de facilitation est plus fort pour les amorces reliées sémantiquement et morphologiquement (+ 47 msec) et pour les amorces reliées sémantiquement seulement (+ 43 msec), que pour les amorces reliées morphologiquement seulement (+ 17 msec). En revanche, pour le lag long, l'effet de facilitation pour les amorces reliées sémantiquement et morphologiquement (+23 msec) est de même amplitude que pour les amorces reliées morphologiquement seulement (+19 msec).

En résumé, l'effet de facilitation purement sémantique est observé seulement pour le lag court tandis que l'effet de facilitation purement morphologique reste constant pour les lags courts et longs. Lorsque le lag est court, la transparence sémantique contribue plus que la morphologie. Lorsque le lag est long, l'effet de facilitation morphologique ne dépend pas du partage sémantique entre l'amorce et la cible. Ces résultats suggèrent fortement que les effets d'amorçage morphologique et sémantique reflètent des mécanismes et des niveaux de représentations différents.

2.2.2 Amorçage morphologique à très court terme (avec masquage)

Frost, Forster & Deutsch (1997) ont mis en évidence un effet de facilitation morphologique indépendamment du partage sémantique en hébreu. Les morphèmes hébreux sont des structures abstraites et seule leur combinaison permet la formation de mots. Par exemple, le mot « tizmoret » (signifiant « orchestre ») est composé du morphème « zmr » et du pattern phonologique « ti_ _o_et ». L'information sémantique véhiculée par la racine contient le sens profond du mot et le pattern phonologique véhicule l'information syntaxique.

Lorsque la cible est précédée par une amorce correspondant à la racine (« zmr-TIZMORET »), les auteurs obtiennent un effet de facilitation par rapport à une condition orthographique (« tmr-TIZMORET »), ce qui suggère que cet effet de facilitation morphologique n'est pas dû à un simple partage orthographique. Afin de montrer qu'il n'est pas dû au partage sémantique entre l'amorce et la cible, Frost *et al.* (1997) utilisent des racines réelles ne pouvant pas être lues comme un mot entier. Par exemple, la racine « rdm » véhicule l'idée de « dormir » mais est toujours combinée avec un pattern phonologique (« ta**rd**e**m**ah » signifiant « sommeil profond ») et n'apparaît jamais seule. Lorsque cette forme de racine sans signification est présentée seule, Frost *et al.* (1997) obtiennent un effet de facilitation morphologique par rapport à une condition orthographique non-reliée morphologiquement.

Ces expériences suggèrent que la saillance phonologique et orthographique de la racine en hébreu conduit à un processus de décomposition rapide, efficace et indépendant de la transparence sémantique.

2.3 Amorçage purement morphologique vs. amorçage formel (orthographique / phonologique) et sémantique

Plaut et Gonnerman (2000 ; Seidenberg & Gonnerman, 2000) suggèrent que l'effet de facilitation morphologique est un effet graduel, reflétant le degré de convergence des codes orthographiques, phonologiques et sémantiques.

Feldman (2000) a comparé les effets d'amorçage morphologique en anglais avec les effets d'amorçage orthographique et sémantique dans une expérience de décision lexicale. Différentes durées de présentation de l'amorce ont été utilisées, 16 msec, 66 msec et 250 msec, toujours suivies par un blanc présenté pendant 50 msec (ce qui donne les SOAs suivants : 66, 116 et 300 msec). Les mots cibles étaient précédés par des amorces (1) morphologiquement reliées (M+ ; « vowed-VOW »), (2) orthographiquement reliées (O+ ; « vowel-VOW »), (3) sémantiquement reliées (S+ ; « pledge-VOW »). Chaque condition d'amorçage était comparée à une condition totalement non-reliée sémantiquement, morphologiquement et orthographiquement (e.g., « saves-VOW » ; « torso-VOW » et « scrape-VOW »). Les résultats de cette expérience sont présentés dans la Figure 5.2.

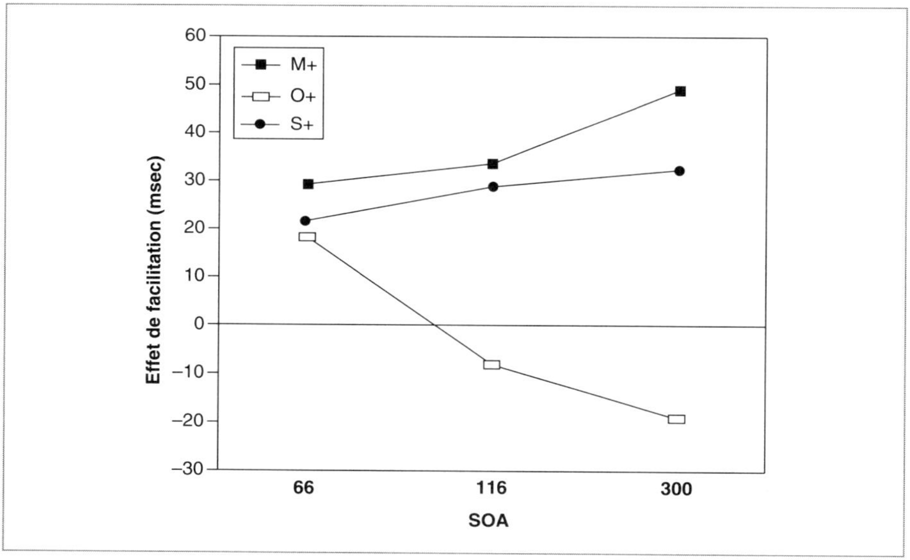

FIGURE 5.2

Effets de facilitation (morphologique, M+ ; sémantique, S+ ; orthographique, O+) en fonction du SOA (66, 116 et 300 msec) dans l'Expérience 1 (décision lexicale) de Feldman (2000).

Les résultats montrent un effet de facilitation morphologique qui augmente avec le SOA. L'effet de facilitation sémantique reste constant pour les trois SOAs. L'effet d'amorçage orthographique passe de la facilitation (au SOA = 66 msec) à l'inhibition (aux SOAs 116 et 300 msec). Les résultats suggèrent donc que l'effet d'amorçage morphologique est plus fort que les effets d'amorçage sémantique et orthographique. Pour un SOA plus court (32 msec, sans blanc) Feldman (2000) a mis en évidence un effet morphologique (+32 msec) alors qu'aucun effet sémantique (+4 msec) ou orthographique (+ 10 msec) n'était significatif. Par ailleurs, Feldman (2000) a réalisé des analyses supplémentaires montrant que l'effet morphologique était plus important que la somme des effets d'amorçage sémantique et orthographique.

Dans une étude réalisée en IRMf en français, Fabre (2006) a mis en évidence une région cérébrale spécifique à la morphologie, avec un minimum de recouvrement avec les régions impliquées dans le codage orthographique et sémantique. Ces résultats militent en faveur des modèles classiques pour lesquels il existe un niveau de représentation morphologique à part entière.

3. LES EFFETS DE FRÉQUENCE DES MOTS MORPHOLOGIQUEMENT COMPLEXES

3.1 L'effet respectif de la fréquence cumulée et de la fréquence de surface

La *fréquence cumulée* correspond à la somme de la fréquence de surface du mot concerné *plus* la fréquence de surface de tous les mots dérivés et fléchis de la même famille morphologique. Par exemple, pour le mot « fleurir », la fréquence cumulée est la somme des fréquences de surface des mots « fleurir » + « fleur » + « fleuriste » + « floral » + « floraison » + « refleurir » + « déflorer » + « fleurs », etc.

Taft (1979) a examiné le rôle respectif de la fréquence cumulée et de la fréquence de surface pour examiner si les mots partageant la même racine sont stockés ensemble ou séparément. Dans une première expérience de décision lexicale, Taft (1979) maintient constant la fréquence de surface et manipule la fréquence cumulée. Il montre que des mots préfixés ayant une fréquence cumulée élevée (comme « reproach ») sont reconnus significativement plus rapidement que des mots préfixés ayant une faible fréquence cumulée (comme « dissuade »). Dans une seconde expérience de décision lexicale, Taft (1979) a répliqué cet effet avec des mots suffixés (formes fléchies) : à fréquence de surface comparable, les mots suffixés ayant une fréquence cumulée élevée (comme « sized ») sont reconnus significativement plus rapidement que des mots suffixés ayant une faible fréquence cumulée (comme « raked »). Dans une troisième expérience de décision lexicale, Taft (1979) maintient constant la fréquence cumulée et fait varier la fréquence de surface. Taft (1979) obtient ainsi des effets de fréquence de surface et de fréquence cumulée. Ces expériences suggèrent qu'il existe une étape préliminaire de détection des préfixes et des suffixes avant la reconnaissance de mots.

Beauvillain (1996) a étudié l'effet de la fréquence cumulée sur des mots préfixés avec la technique d'enregistrement des mouvements des yeux, une technique certainement plus sensible aux effets prélexicaux que la tâche de décision lexicale. Les mots étaient de 10 lettres de façon à pouvoir mesurer au moins deux fixations par mot. La fréquence de surface était maintenue constante.

Les données enregistrées sur la durée de la première fixation montrent un effet de la fréquence cumulée pour les mots suffixés (+29 msec), mais pas pour les mots préfixés (+1 msec). Sur la durée de la deuxième fixation, l'effet est observé pour les mots préfixés (+43 msec), mais pas pour les mots suffixés (-22 msec). Ces résultats suggèrent une décomposition morphologique des mots suffixés pendant la première fixation et une décomposition morphologique des mots préfixés pendant la deuxième fixation. La décomposition morphologique semble donc dépendre de l'organisation séquentielle des éléments morphémiques dans le mot.

3.2 L'effet de la taille et de la fréquence de la famille morphologique

New, Brysbaert, Segui, Ferrand et Rastle (2004) ont obtenu un effet de fréquence cumulée pour des mots *monomorphémiques*. Le mot monomorphémique « fleur » a une une fréquence cumulée élevée car il a une forme fléchie plurielle « fleurs » beaucoup plus fréquente que sa forme monomorphémique singulier. En revanche, la forme fléchie plurielle du mot « neige » n'est pas plus fréquente que sa forme monomorphémique singulier et sa fréquence cumulée est faible. En maintenant la fréquence de surface constante, les auteurs ont montré que les mots monomorphémiques ayant une fréquence cumulée élevée (comme « fleur ») étaient reconnus significativement plus rapidement que des mots monomorphémiques ayant une fréquence cumulée faible (comme « neige »).

Schreuder et Baayen (1997) ont suggéré que le facteur expliquant cet effet était *la taille de la famille morphologique*, c'est à dire le nombre total de mots dérivés, fléchis et des mots composés de la même famille morphologique. Par exemple, la taille de la famille morphologique du mot « table » comprend non seulement les formes dérivées (« tablette », « tabulaire », « tablée ») et fléchies (« tables »), mais aussi les formes composées (comme « table-anglaise », « table-basse », « table-ronde », « table de jardin », « table de multiplication », etc.).

Il existe également la mesure de *la fréquence cumulée de la famille morphologique* : c'est la somme de toutes les fréquences des mots dérivés, fléchis et composés, en excluant la fréquence de surface du mot de base. Dans une série d'expériences de décision lexicale, Schreuder et Baayen (1997) trouvent que les noms monomorphémiques ayant une grande famille morphologique (contenant 20 membres en moyenne) sont reconnus significativement plus rapidement que les noms monomorphémiques ayant une petite famille morphologique (contenant 4 membres en moyenne), et ce lorsque la fréquence de surface, la fréquence cumulée de la famille morphologique et la taille et la fréquence des voisins orthographiques sont maintenues constantes.

4. LES EFFETS DE LA STRUCTURE MORPHOLOGIQUE DES NONMOTS ET DES MOTS

4.1 L'effet de pseudopréfixation et de pseudosuffixation pour les nonmots

Taft et Forster (1975) ont montré que les temps de lecture pour des nonmots composés d'un préfixe et d'une racine réelle (« déprendre ») sont significativement plus longs que les temps de lecture pour des nonmots comme « depertoire », composés d'un préfixe « de- » et d'une pseudo-racine « -pertoire ». Les auteurs ont suggéré l'existence d'une décomposition morphologique prélexicale obligatoire pour les mots préfixés et suffixés. Selon eux, cette décomposition morphologique prélexicale se ferait par défaut, de manière aveugle. Seule la racine serait stockée dans le lexique mental et non les affixes (préfixes et suffixes). Taft et Forster (1975) suggèrent que la décomposition morphologique prélexicale intervient systématiquement, par défaut, même sur une pseudoracine comme « ligion » dans « religion ».

4.2 L'effet de pseudopréfixation et de pseudosuffixation pour les mots

Le mécanisme de décomposition morphologique prélexicale obligatoire de Taft et Forster (1975) prédit un coût de traitement pour les mots monomorphémiques pseudopréfixés. Ainsi, pour un mot comme « religion », le préfixe « re- » est extrait du mot « religion », sa pseudoracine « -ligion » est recherchée dans le lexique mental. Cette pseudoracine n'étant pas trouvée dans le lexique mental, le système procède à une recherche supplémentaire de la forme globale « religion ». Les mots morphologiquement complexes dont la racine est réelle (« reprendre ») ne subissent pas de tels coûts de traitement.

Rubin, Becker, et Freeman (1979) ont été les premiers à mettre en évidence un *effet de pseudopréfixation* pour les mots. Les temps de décision lexicale sont ainsi plus longs pour des mots pseudopréfixés comme « religion » que pour des mots préfixés comme « reprendre ». Cependant, cette différence de temps de lecture entre les mots préfixés et les mots pseudopréfixés pourrait refléter un effet de fréquence de la racine.

Dans une série de trois expériences de décision lexicale, Pillon (1998) a montré que des mots pseudopréfixés (comme « recruter », « insulter ») étaient lus significativement plus lentement que des contrôles monomorphémiques (comme « modérer », « tolérer »). Cet effet de pseudopréfixation a été obtenu que les listes contiennent un large ou faible pourcentage de mots préfixés, avec des mots pseudopréfixés et contrôles de basse, moyenne et haute fréquence.

Diependaele, Sandra et Grainger (2005) ont testé des paires morphologiques sémantiquement transparentes (« clochette-CLOCHE ») ou opaques (« baguette-BAGUE »). La structure morphologique de surface de « baguette » et « lunette » est la même : ces deux mots peuvent être décomposés en racine (« bague » ; « lune ») plus le suffixe (« -ette »). Les auteurs ont également utilisé des paires orthographiques (comme « abricot-ABRI »). Si les mots sont décomposés sur la base d'unités morphologiques définies de façon orthographique, alors tout stimulus ayant une structure morphologique de surface (racine + suffixe) devrait être décomposé, quelle que soit sa transparence sémantique. Trois durées d'amorçage (13 msec, 40 msec et 67 msec) ont été testées dans deux conditions de présentation : une condition classique dans laquelle l'amorce et la cible sont présentées visuellement et une nouvelle condition inter-modale dans laquelle l'amorce est présentée visuellement et la cible auditivement. Les résultats obtenus sont présentés dans la Figure 5.3.

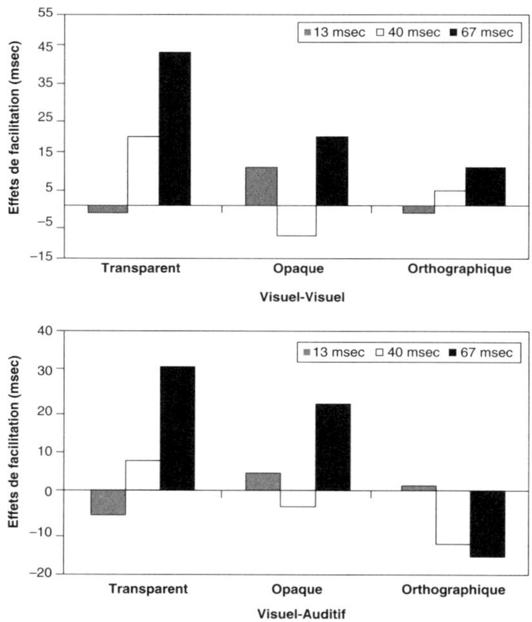

FIGURE 5.3

Effets de facilitation (en msec) pour trois conditions d'amorçage : (1) paires liées morphologiquement et transparentes sémantiquement (« clochette-CLOCHE ») ; (2) paires liées morphologiquement et opaques (ou non liées) sémantiquement (« baguette-BAGUE ») ; et (3) paires liées orthographiquement seulement (« abricot-ABRI »), en fonction de trois durées de présentation de l'amorce (13 msec, 40 msec et 67 msec).
Le premier graphique présente les résultats obtenus en intra-modalité (visuelle-visuelle) et le second graphique en inter-modalités (visuelle-auditive). Résultats obtenus par Diependaele, Sandra et Grainger (2005) en décision lexicale.

En modalité visuelle, un effet de facilitation morphologique est obtenu à 40 msec uniquement pour les paires transparentes. A 67 msec, un effet de facilitation est obtenu pour les paires sémantiquement transparentes et opaques, bien qu'il soit plus large pour les paires transparentes. En inter-modalités, l'effet de facilitation morphologique n'émerge qu'à 67 msec pour les deux types de paires.

Le fait d'obtenir (en visuel) un effet de facilitation morphologique plus tôt (et plus large) pour les paires transparentes que pour les paires opaques n'est pas compatible avec l'hypothèse de la décomposition morphologique aveugle, puisque cette hypothèse prédit que les deux types de mots doivent subir une décomposition identique précoce.

Ces résultats imposent de fortes contraintes à toute tentative de modélisation du traitement morphologique.

5. LES MODÈLES DU CODAGE MORPHOLOGIQUE DE LA LECTURE

5.1 Les modèles holistiques sans décomposition morphologique prélexicale

5.1.1 Le modèle de la morphologie lexicale de Manelis et Tharp (1977)

Selon ce modèle holistique, tous les mots morphologiquement complexes sont listés dans le lexique mental. Par exemple, les mots « poisson », « poissons », « poissonnier », « poissonnière », « poissonnerie » ont tous une représentation indépendante dans le lexique mental. Selon cette théorie, l'accès au lexique ne requiert pas une décomposition préalable des mots polymorphémiques et les modalités d'accès à la représentation de ces mots sont similaires à celles mises en œuvre pour les mots monomorphémiques. Bien que critiqué en raison d'une grande redondance d'informations stockées dans le lexique mental, Schreuder et Baayen (1994) ont montré qu'un modèle holistique avait de meilleures performances qu'un modèle ne stockant que les racines. Ce modèle ne nie absolument pas l'existence de la morphologie mais la localise au niveau lexical.

5.1.2 Le modèle de la morphologie supralexicale de Grainger et al. (1991 ; Giraudo & Grainger, 2003)

Grainger *et al.* (1991) et Giraudo et Grainger (2003) ont proposé un modèle à Activation Interactive dans lequel le niveau morphologique est *supralexical*, c'est-à-dire situé entre les représentations lexicales et les représentations sémantiques.

Dans ce modèle, les mots partageant la même racine sont liés à une même unité morphologique. Ces unités sont connectées au niveau des représentations lexicales par des connexions facilitatrices bi-directionnelles aux membres de la famille correspondante.

Ainsi, sur présentation d'un membre d'une famille morphologique donnée, l'activation est renvoyée à toutes les unités lexicales de cette famille, et l'activation de tous les mots morphologiquement reliés augmente. Ce modèle propose donc une explication interactive des effets d'amorçage morphologique. Par exemple, l'unité lexicale orthographique du mot « poissonnier » va envoyer de l'activation vers le niveau morphologique contenant l'unité morphologique POISSON. Au niveau lexical, les représentations orthographiques voisines entrent en compétition mais les unités morphologiques renvoient de l'activation vers les unités orthographiques lexicales compatibles comme « poissonnier » et « poissonneux », facilitant ainsi la reconnaissance. Les amorces morphologiquement reliées de haute fréquence renvoient une forte activation, facilitant ainsi le traitement des cibles monomorphémiques. Pour les amorces morphologiquement reliées de basse fréquence, la rétroaction d'activation n'est pas suffisante pour produire un effet de facilitation.

5.2 Les modèles de décomposition morphologique prélexicale obligatoire

5.2.1 Le modèle de Taft et Forster (1975)

La théorie de la « décomposition morphologique prélexicale » considère que les mots polymorphémiques sont décomposés automatiquement en leurs constituants morphologiques avant l'accès au lexique, avec le morphème de base comme unité d'accès au lexique (Taft, 1979 ; Taft & Forster, 1975). Pour un mot morphologiquement complexe préfixé comme « refaire », le préfixe « re- » serait extrait du mot, permettant à la racine « faire » d'accéder à sa représentation lexicale. Ainsi, les mots « faire » et « refaire » seraient accédés par la même entrée lexicale. Taft et Forster (1975) suggèrent que cette décomposition morphologique prélexicale intervient systématiquement, par défaut, même sur une pseudoracine comme « ligion » dans « religion ».

L'idée d'une décomposition morphologique prélexicale obligatoire a été proposée par Taft et Forster (1975) pour des raisons d'économie cognitive. En effet, le modèle ne stocke que les racines. Ce modèle suggère implicitement l'existence d'un « stock de préfixes ». En effet, puisque les préfixes sont extraits de la racine avant l'accès au lexique, il devrait exister un stock de préfixes indépendant du lexique mental. Or, l'existence d'un stock de préfixes n'a jamais été démontrée. Ces contraintes ont conduit Taft (1994) à proposer un modèle plus flexible dans lequel la morphologie est représentée à un niveau prélexical.

5.2.2 Le modèle à Activation-Interactive de la morphologie prélexicale de Taft (1994)

Ce modèle s'inspire du modèle à Activation Interactive de McClelland et Rumelhart (1981) et de celui de Grainger *et al.* (1991) mais localise le niveau morphologique avant le niveau des représentations lexicales (voir la Figure 5.4). Dans ce modèle, la décomposition morphologique prélexicale n'est plus obligatoire. Les préfixes constituent des unités d'activation indépendantes et sont traités séparément de leurs racines. Les préfixes et les racines représentés à un niveau prélexical participent conjointement à l'activation des représentations lexicales. Si le préfixe est très fréquent (comme « RE »), la racine va jouer un rôle déterminant dans l'activation des représentations lexicales. En revanche, lorsque le préfixe est peu commun, il jouera un rôle plus important.

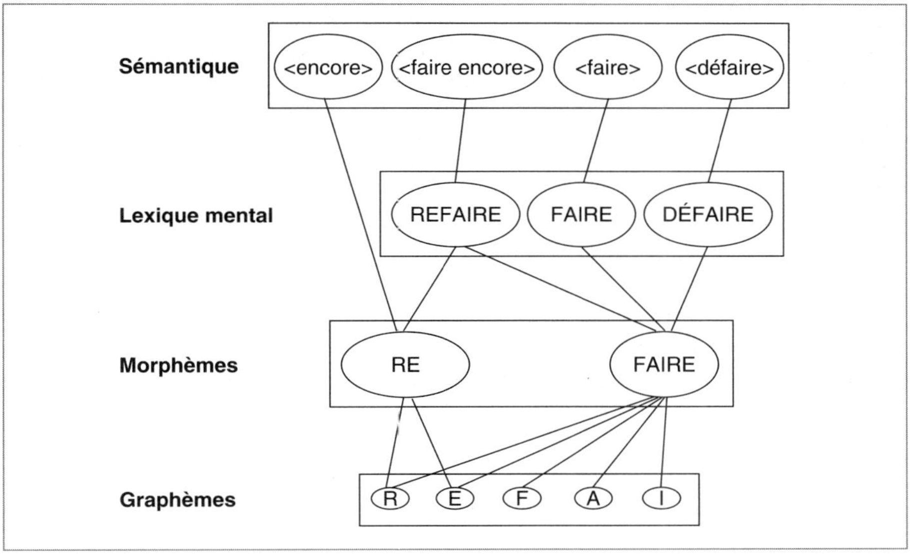

FIGURE 5.4

Modèle de la morphologie prélexicale adapté de Taft (1994).

Dans ce modèle, l'activation est bi-directionnelle : elle se propage du niveau graphémique au niveau sémantique et peut se propager en retour du niveau sémantique vers le niveau graphémique.

Pour les mots préfixés dont la racine est libre et transparente (« REFAIRE »), seul le morphème lié « RE » serait représenté au niveau morphologique prélexical. Au niveau des représentations lexicales, les mots monomorphémiques sont connectés avec les mots polymorphémiques. Pour les mots suffixés (« CHANTEUR »), au niveau morphologique prélexical se trouveraient la racine « CHANT » et le suffixe « EUR », et au niveau lexical seraient stockés la racine « CHANT » et le mot suffixé « CHANTEUR ».

5.3 Le modèle hybride AAM de Caramazza, Laudanna et Romani (1988)

Caramazza *et al.* (1988) ont proposé un modèle hybride appelé AAM (pour « Augmented Addressed Morphology ») comprenant deux niveaux : (1) les unités d'accès et (2) les représentations lexicales. Le modèle utilise l'information orthographique de surface fournie par le mot. Les représentations lexicales morphologiquement décomposées sont accédées par les formes globales pour les mots connus et par la racine pour les mots nouveaux ou peu connus. Par exemple, la forme globale de « CHANTEUR » va activer sa racine « CHANT- » et son affixe « -EUR ». En revanche, le mot nouveau « FAXEUR », va seulement activer les unités morphémiques « FAX- » et « -EUR », qui à leur tour vont activer la représentation orthographique globale « FAXEUR ». L'activation de la forme globale orthographique est toujours plus rapide que l'activation des constituants morphémiques. Dans ce modèle, toutes les formes irrégulières, les racines et les affixes sont représentés indépendamment dans le lexique mental.

5.4 Le modèle connexionniste distribué de la convergence des codes de Seidenberg et Gonnerman (2000), Plaut et Gonnerman (2000) et Gonnerman *et al.* (2007)

Seidenberg et Gonnerman (2000) suggèrent que les représentations morphologiques ne sont pas représentées explicitement dans le lexique mental mais plutôt le résultat de fortes corrélations entre les représentations orthographiques, phonologiques et sémantiques. Ainsi, le modèle ne comporte pas de module morphologique proprement dit. Ce sont les régularités existant entre les unités orthographiques, phonologiques et sémantiques qui capturent l'information morphologique. Le niveau « morphologique » émerge ainsi de la convergence de ces codes. Le degré de consistance entre les codes orthographiques, phonologiques et sémantiques varie en fonction de la complexité morphologique. Par exemple, le mot « chant » converge fortement avec les codes orthographiques, phonologiques et sémantiques de « chanteur » et « chanter » ; cette convergence est beaucoup plus faible avec « fleur » et « floraison ». Ce modèle ne fait pas la distinction entre un mécanisme traitant les mots réguliers suivants les règles de formation et un mécanisme traitant les exceptions. Gonnerman *et al.* (2007) ont obtenu des résultats compatibles avec une théorie dans laquelle la structure morphologique est graduelle plutôt que discrète, reflétant la corrélation entre les propriétés formelles et sémantiques.

Résumé

Dans ce chapitre, nous avons abordé le codage morphologique des mots au cours de la lecture à travers quelques généralités sur la définition d'un morphème, la morphologie dérivationnelle et flexionnelle, et sur la nature isolante, agglutinative ou flexionnelle des langues.

Par la suite, nous avons vu que les différents travaux consacrés à l'amorçage morphologique suggèrent que les effets d'amorçage morphologique ne dépendent pas du partage orthographique/phonologique/sémantique.

Nous avons également abordé les effets de fréquence de surface et de fréquence cumulée des mots morphologiquement complexes ainsi que l'effet de la taille de la famille morphologique.

Enfin, nous avons abordé les effets de la structure morphologique des mots et des nonmots. Ces effets suggèrent que la théorie de la décomposition morphologique prélexicale obligatoire n'est pas viable.

Dans la dernière partie du chapitre, nous décrivons en détail les principaux modèles actuels du codage morphologique, à savoir les modèles de la décomposition morphologique prélexicale, les modèles de la décomposition morphologique lexicale ou supralexicale, les modèles hybrides, et enfin les modèles distribués qui ne contiennent pas de niveau morphologique explicite.

MOTS CLÉS

Pouvez-vous donner une définition de chacune des notions suivantes ?

- Amorçage morphologique
- Décomposition prélexicale
- Forme dérivée
- Forme fléchie
- Langue agglutinative / flexionnelle / isolante
- Morphème
- Morphologie dérivationelle / flexionnelle / supralexicale
- Préfixation
- Suffixation
- Taille de la famille morphologique
- Transparence sémantique

DES QUESTIONS POUR MIEUX RETENIR

1. Quelles sont les différences entre la morphologie flexionnelle et la morphologie dérivationnelle ?
2. Citez une expérience montrant un effet d'amorçage purement morphologique non contaminé par le partage phonologique et/ou orthographique avec la technique d'amorçage.
3. Indiquez comment Grainger, Colé et Segui ont pu dissocier l'effet d'amorçage morphologique de l'effet d'amorçage orthographique.
4. Est-ce que la reconnaissance d'un mot monomorphémique dépend de la fréquence des mots qui lui sont reliés morphologiquement ?
5. Est-ce que les effets de pseudopréfixation des nonmots et des mots suggèrent l'existence d'une décomposition morphologique prélexicale obligatoire ?
6. En quoi consiste la morphologie supralexicale dans le modèle de Giraudo et Grainger, par rapport à la morphologie prélexicale dans le modèle de Taft ?
7. Rappelez les grandes lignes du modèle de la convergence des codes de Plaut, Seidenberg et Gonnerman. Pourquoi ce modèle diffère radicalement de tous les autres modèles de la morphologie ?

Des lectures pour aller plus loin

Baayen, R.A., & Schreuder, R. (2003) (Eds.). *Morphological structure in language processing.* Berlin : Mouton de Gruyter.

Frost, R., & Grainger, J. (2000) (Eds.). *Cross linguistic perspectives on morphological processing*. UK : Psychology Press.

Frost, R., Grainger, J., & Rastle, K. (2005) (Eds.). *Current issues in morphological processing.* UK : Psychology Press.

Pinker, S. (1999). *Words and rules. The ingredients of language.* London : Weidenfeld & Nicolson.

CHAPITRE 6
Le codage sémantique

SOMMAIRE

INTRODUCTION

La question principale du codage sémantique dans la lecture est de savoir comment nous passons de la forme orthographique d'un mot à sa signification, alors même que la relation entre les deux est opaque et arbitraire. De très nombreux travaux ont suggéré que la lecture d'un mot était automatique et irrépressible dans la mesure où un lecteur ne peut pas s'empêcher de récupérer la signification d'un mot donné, même lorsqu'on lui demande explicitement de l'ignorer. La première partie de ce chapitre concerne la nature et le mode d'organisation des représentations sémantiques dans notre lexique mental. Le reste du chapitre est consacré aux mécanismes de codage et de récupération de ces informations sémantiques, aux divers effets sémantiques sur les performances de lecture, ainsi qu'aux modèles cognitifs du codage sémantique dans la lecture.

1. LA NATURE DES REPRÉSENTATIONS SÉMANTIQUES

Deux grandes classes de théories ont été proposées pour rendre compte de la nature et de l'organisation des représentations sémantiques : les théories du réseau sémantique qui envisagent les relations sémantiques en termes de catégories hiérarchiques et les théories componentielles qui prennent comme point de départ les traits sémantiques.

1.1 La théorie des réseaux sémantiques

La théorie des réseaux sémantiques constitue une des théories les plus influentes de la signification. Elle est caractérisée par une structure hiérarchique complexe où les concepts sont stockés dans des nœuds sémantiques. Ces nœuds sémantiques ou conceptuels sont connectés les uns aux autres par des liens relationnels. La notion de sémantique est étroitement liée à la notion de catégorisation. Pour décrire les relations sémantiques de manière hiérarchique, nous pouvons catégoriser les objets en deux grandes catégories : les objets vivants et les objets manufacturés. A l'intérieur de ces deux grandes catégories, nous pouvons trouver d'autres sous-catégories (par exemple les mammifères, les légumes vs. les vêtements, les véhicules). La catégorie de base « chien » a un certain nombre de catégories superordonnées au-dessus d'elle (« animal » et « objet vivant ») mais a également des catégories subordonnées (« cocker », « berger allemand », « caniche », etc.) appelées des *coordonnées* en dessous (Rosch, 1978). Dans ce cadre théorique, la signification d'un mot est exprimée par son emplacement dans le réseau des relations conceptuelles. Le réseau sémantique le plus connu est celui proposé par Collins et Quillian (1969). La Figure 6.1 illustre ce réseau sémantique.

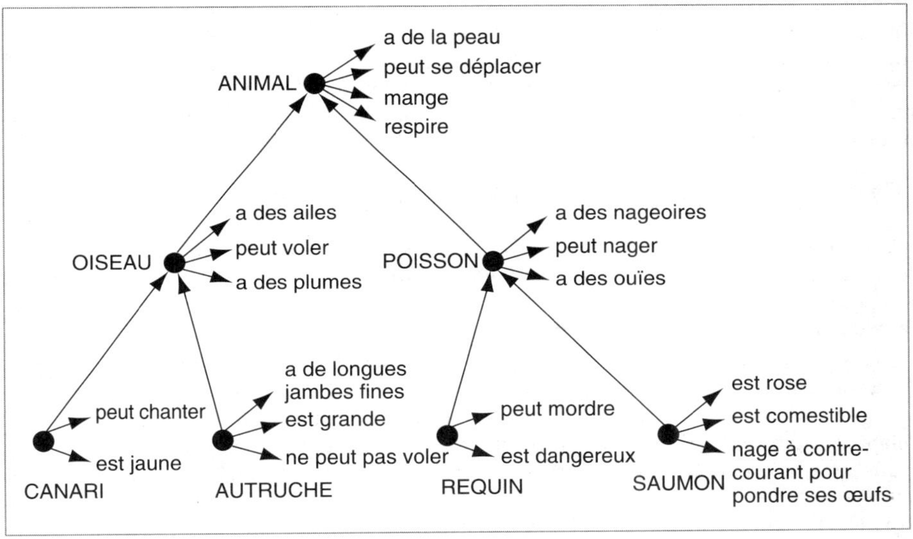

FIGURE 6.1

Représentation de l'organisation hiérarchique du réseau sémantique proposé par Collins et Quillian (1969).

L'organisation du réseau repose sur un principe hierarchique de relations superordonnées/subordonnées. À chaque concept correspond une liste de propriétés spécifiques. Les propriétés communes à tous les membres d'une même catégorie donnée sont stockées dans la classe superordonnée. Par exemple, les propriétés <a des ailes>, <peut voler> et <a des plumes> sont stockées au niveau du concept OISEAUX.

Selon Collins et Quillian (1969), pour comprendre le sens de la phrase « Un canari est un animal », il faut parcourir trois niveaux dans le réseau sémantique (voir la Figure 6.1). Il faut partir du concept « canari » pour remonter au concept « oiseaux », et de ce concept il faut aller au concept « animal ». De même, pour comprendre le sens de la phrase « Un canari a de la peau », il faut parcourir ces trois niveaux, mais également rechercher la propriété <a de la peau> parmi la liste des propriétés communes aux animaux. Cela suggère que la récupération des propriétés des concepts prend plus de temps que la récupération du concept lui-même. C'est ce que Collins et Quillian (1969) ont montré expérimentalement dans une tâche de vérification de phrases.

Indépendamment du nombre de niveaux à parcourir dans le réseau, Ripps, Shoben et Smith (1973) ont montré que les sujets étaient plus rapides pour juger correctement une phrase lorsque la similarité sémantique entre les concepts et les propriétés parcourus était élevée que lorsqu'elle était faible. Cet effet de typicalité se traduit par des temps de vérification plus longs lorsque les sujets doivent juger d'une phrase comprenant un exemplaire atypique (« une autruche est un oiseau ») que lorsqu'ils doivent juger d'une pharse comprenant un exemplaire typique (« un canari est un oiseau »). Il remet en question la notion de réseau sémantique hiérarchique où aucune place n'est faite à la notion de *similarité sémantique* entre les concepts et/ou entre les propriétés.

1.2 Les théories componentielles de la sémantique

Une autre approche de la sémantique est d'utiliser les propriétés sémantiques des mots et de tenir compte de leur *similarité sémantique*. Par exemple, certains mots appelés *antonymes* s'opposent du point de vue du sens (« chaud » et « froid »). D'autres mots appelés *synonymes* sont au contraire très similaires (« moufle » et « gant »).

Selon les théories componentielles, la signification d'un mot est analysable sous la forme d'un ensemble de traits sémantiques élémentaires. Cette forme de description ne vise pas à fournir une définition précise des mots mais plutôt à exprimer d'une manière formelle les différentes sortes de relations sémantiques existant entre les mots. Ainsi, les mots « fille » et « garçon » partagent les traits <animé>, <humain>, et <enfant> et s'opposent sur le trait faisant référence au sexe <femelle> vs. <mâle>. Le Tableau 6.1 illustre le principe de décomposition en traits sémantiques élémentaires.

TABLEAU 6.1

Décomposition des mots « fille », « garçon », « homme » et « femme » en traits sémantiques élémentaires. Le signe + signifie que le trait sémantique fait partie du concept, le signe – qu'il ne fait pas partie du concept.

Traits sémantiques	« fille »	« garçon »	« femme »	« homme »
<animé>	+	+	+	+
<humain>	+	+	+	+
<adulte>	–	–	+	+
<enfant>	+	+	–	–
<mâle>	–	+	–	+

Une des premières théories componentielles de la sémantique a été élaborée par Smith, Shoben et Ripps (1974). Elle distingue deux types de traits : (1) *les traits définitionnels*, essentiels pour définir le concept superordonné et *les traits spécifiques*, qui appartiennent aux membres de la catégorie superordonnée. Par exemple, les traits définitionnels du concept OISEAU comprennent des <ailes> et des <plumes> car tous les oiseaux possèdent ces deux traits. Les traits spécifiques peuvent comprendre <la capacité de voler> et <la capacité de chanter>, car tous les oiseaux ne peuvent pas voler ou chanter. Cette théorie componentielle repose sur un mécanisme de comparaison des traits en deux étapes dans la tâche de vérification de phrase. Dans une première étape, les sujets considèrent à la fois les traits définitionnels et les traits spécifiques pour décider si le concept concerné est un membre de la catégorie. S'il y a un fort partage des traits sémantiques (par exemple « Un rouge-gorge est un oiseau »), les sujets acceptent la phrase rapidement. S'il y a un faible partage sémantique (par exemple « Un cochon est un oiseau »), les sujets rejettent la phrase rapidement. Si le partage sémantique n'est ni fort ni faible (par exemple « Un poulet est un oiseau »), les sujets doivent alors considérer les traits définitionnels des deux mots. Smith *et al.* (1974) montrent que les lecteurs prennent plus de temps pour juger correctement la phrase « Un poulet est un oiseau » que pour juger la phrase « Un rouge-gorge est un oiseau ».

1.3 L'apport de la neuropsychologie cognitive

Certains patients cérébro-lésés ont des déficits sémantiques spécifiques pour certaines catégories. Warrington et Shallice (1984) ont étudié deux patients ayant des déficits de compréhension pour des objets vivants tandis que leur compréhension des objets manufacturés est intacte. Cette dissociation suggère que les représentations sémantiques sont organisées en catégories.

Par la suite, les recherches ont montré que les déficits sémantiques respectaient une distinction en trois grandes catégories : la catégorie des animaux, la catégorie des plantes et la catégorie des objets manufacturés. Ce système sémantique serait, selon Shelton et Caramazza (1999), organisé en trois grands domaines ayant joué un rôle crucial dans l'évolution de notre cerveau humain. Selon les auteurs, il ne devrait pas exister de déficits spécifiques à d'autres catégories que les trois mentionnées précédemment. A l'intérieur d'un domaine spécifique, les membres de la catégorie qui partagent des traits sémantiques hautement corrélés peuvent être endommagés sélectivement.

2. LES EFFETS D'AMORÇAGE SÉMANTIQUE/ ASSOCIATIF

2.1 Amorçage associatif vs. amorçage « purement » sémantique (non-associatif)

Dans la plupart des expériences dites « d'amorçage sémantique », l'amorce et la cible peuvent être (1) associées verbalement et partager des traits sémantiques et/ou appartenir à la même catégorie sémantique (comme « chat-chien », « docteur-infirmière »), ou (2) associées verbalement seulement sans partager de traits sémantiques et sans appartenir à la même catégorie sémantique (par exemple, « chat-griffe », « docteurpharmacie »). Une façon classique d'obtenir des paires de mots reliés sémantiquement est de faire appel aux normes d'associations verbales (Ferrand & Alario, 1998). Ces normes sont réalisées sur un large groupe de sujets à qui l'on demande d'énoncer le premier mot qui leur vient à l'esprit suite à la présentation d'un mot stimulus.

La relation associative fournie par les normes d'associations verbales et la relation sémantique reposant sur le partage de traits sémantiques et/ou l'appartenance à la même catégorie doivent être distinguées. En effet, certains mots sont souvent lus, entendus et produits ensemble (comme « chien » et « chat »), de sorte qu'ils sont fortement associés, mais ce lien ne nous renseigne pas sur la nature de leur relation sémantique.

2.1.1 Amorçage associatif

Shelton et Martin (1992) suggèrent que les effets d'amorçage sémantique non-associatifs résultent de l'application de stratégies. Deux types de stratégies ont été suggérés. Selon *la stratégie de génération de prédictions* (Becker, 1980 ; Neely, 1977), les sujets génèrent une ou plusieurs cibles possibles à partir de la lecture de l'amorce ; ils répondent ainsi plus rapidement « oui c'est un mot » lorsque la cible correspond aux mots générés. Cette stratégie est supposée intervenir pour des SOAs relativement longs. Selon *la stratégie de vérification post-lexicale* (De Groot, 1984), les sujets déterminent la relation sémantique entre l'amorce et la cible après avoir lu la cible mais avant de donner une réponse. Si une relation sémantique entre l'amorce et la cible est découverte, cela indique nécessairement que la cible est un mot donc les sujets vont décider plus rapidement de la lexicalité d'un mot lorsque les paires sont liées sémantiquement.

Afin d'éviter l'utilisation de telles stratégies, Shelton et Martin (1992) ont utilisé la technique de présentation isolée en continue : les mots / nonmots sont présentés isolément jusqu'à ce que le sujet donne sa réponse. Avec ce type de présentation, les sujets doivent répondre à chacun des stimuli et ne savent pas lequel joue le rôle de l'amorce et lequel joue le rôle de la cible.

Shelton et Martin (1992) ont comparé la présentation isolée en continue avec la présentation classique par paires. Dans la présentation classique, les auteurs ont manipulé la proportion de paires reliées. Dans la présentation isolée en continue, les « amorces » et les « cibles » sémantiquement reliées pouvaient être non-associées verbalement (« bread-cake » ; [pain-gateau]) ou associées verbalement (« butter-bread » ; [beurre-pain]). Les auteurs observent que l'effet d'amorçage sémantique non associatif n'est pas obtenu dans la condition de présentation isolée en continue. Par contre, l'effet d'amorçage associatif est obtenu pour les 2 conditions de présentation. Ces résultats suggèrent que l'effet d'amorçage associatif est automatique et insensible aux manipulations stratégiques, tandis que l'effet d'amorçage sémantique non-associatif serait stratégique.

Les travaux de Shelton et Martin (1992) ont été remis en question par de nombreux auteurs. En particulier, McRae et Boisvert (1998) soulignent que le partage des traits sémantiques est plus faible pour les mots censés être liés sémantiquement et non-associés verbalement.

2.1.2 Amorçage purement sémantique (non-associatif)

Un certain nombre d'auteurs ont mis en évidence l'existence d'un effet d'amorçage « purement » sémantique (non-associatif) dans la tâche de décision lexicale (voir Hutchison, 2003, pour une synthèse) en utilisant des amorces et des cibles liées sémantiquement seulement sans être associées verbalement.

La démonstration la plus convaincante a été fournie par McRae et Boisvert (1998). Ces auteurs ont testé le partage des traits sémantiques dans une expérience où les sujets devaient noter la similarité sémantique des paires de mots sur une échelle en 9 points (1 = pas du tout similaire ; 9 = très similaire). Puis les auteurs ont construit des paires où l'amorce et la cible étaient très similaires sémantiquement (« whale-DOLPHIN » [baleine-DAUPHIN]) ou très dissimilaires sémantiquement (« rifle-DOLPHIN » [fusil-DAUPHIN]). Les paires de mots n'étaient pas associées verbalement. Deux conditions de présentations ont été utilisées : une présentation classique « amorce-CIBLE » où le sujet ne répond que sur la cible, et une présentation isolée en continue où le sujet répond à chaque stimulus. Enfin, deux tâches ont été utilisées : la tâche de décision lexicale et la tâche de catégorisation sémantique.

Des effets purement sémantiques ont été obtenus dans les deux conditions de présentation et dans les deux tâches. L'hypothèse d'un effet d'amorçage sémantique est renforcée à travers une tâche de décision lexicale classique où McRae et Boisvert (1998) utilisent deux SOAs (250 msec et 750 msec). Un effet d'amorçage sémantique est obtenu pour les mots très similaires sémantiquement dans les deux SOAs. En revanche, pour les mots peu similaires sémantiquement, l'effet d'amorçage n'est obtenu que pour le long SOA. Ainsi, en l'absence d'association verbale, ces résultats suggèrent un effet d'amorçage automatique pour les paires très similaires sémantiquement. En inversant l'amorce et la cible (« baleine-DAUPHIN » devient « dauphin-BALEINE »), Cree, McRae et McNorgan (1999) obtiennent des résultats comparables. Ainsi, l'effet d'amorçage purement sémantique n'est pas sensible à l'ordre de présentation mais plutôt au degré de similarité sémantique entre l'amorce et la cible.

2.2 Quelle mesure adéquate de la similarité sémantique : le partage de traits sémantiques ou l'appartenance à la même catégorie sémantique ?

McRae et Boisvert (1998) suggèrent que le partage de traits sémantiques entre deux mots définit mieux leur relation sémantique que leur appartenance à la même catégorie sémantique. Bien sûr, ces deux mesures covarient : les mots appartenant à la même catégorie sémantique tendent à partager plus de traits sémantiques que les mots appartenant à des catégories sémantiques différentes.

ENCADRÉ 6.1

L'onde cérébrale N400 et le traitement sémantique

La composante N400, une onde cérébrale négative ayant un pic autour de 400 msec après le début de la présentation du mot cible, est considérée comme le marqueur électrophysiologique du traitement de l'information sémantique (Kutas & Van Petten, 1994 ; Kutas, Van Petten, & Kluender, 2006). Cette composante a été découverte pour la première fois par Kutas et Hillyard (1980, 1984). Les paires reliées sémantiquement engendrent une N400 plus petite et moins négative que les paires non-reliées (Bentin, McCarthy, & Wood, 1985 ; Rugg, 1985). Cette modulation est connue sous le nom d'effet N400 (Kutas & Hillyard, 1980) et est censée refléter la difficulté avec laquelle un mot peut être intégré sémantiquement dans son contexte (Holcomb, 1993).

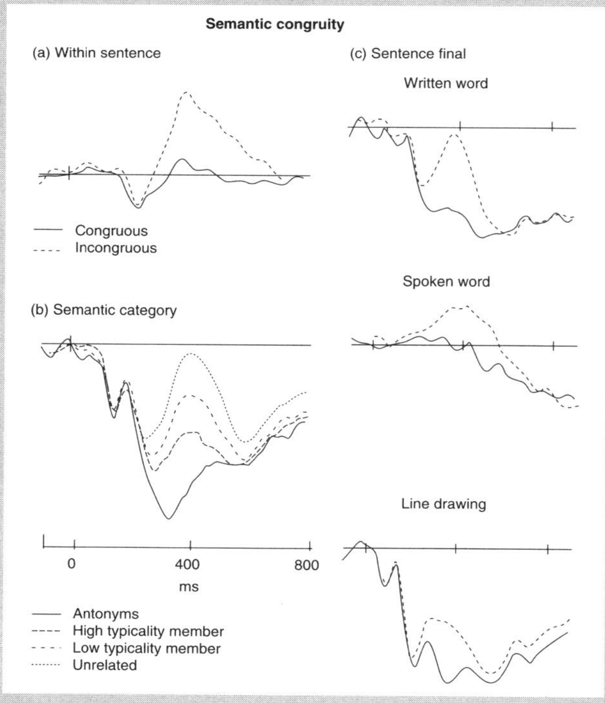

FIGURE 6.2

Amplitudes de la N400 d'après Kutas et Federmeier (2000).

ENCADRÉ 6.1 (suite)

Des mots sémantiquement incongrus (comme dans la phrase « Il tartinait le pain chaud de *chaussettes* ») déclenchent une N400 de plus grande amplitude que des mots sémantiquement attendus (comme « Il tartinait le pain chaud de *confiture* ») (voir la figure 6.2a et c). Cet effet N400 répond uniquement aux mots (et aux nonmots) dans les modalités visuelle et auditive.

L'amplitude de la N400 varie également en fonction des relations sémantiques entre les mots (Kutas & Federmeier, 2000). La figure 6. 2b illustre les réponses pour des paires reliées sémantiquement comme des antonymes (« chaud-froid »), des membres très typiques (« oiseau-rouge-gorge ») ou peu typiques (« oiseau-dinde ») d'une catégorie et des paires non-reliées (« pain-tigre »).

Ces résultats montrent que les mots qui sont plus faciles à traiter parce qu'ils sont reliés sémantiquement (ou bien parce qu'ils sont attendus dans le contexte de la phrase) déclenchent une N400 de plus faible amplitude par rapport aux mots non-reliés sémantiquement (ou aux mots incongrus sémantiquement dans le contexte). Selon Kutas et Federmeier (2000, 2007) et Barber et Kutas (2007), la N400 constitue un bon indice de la facilité d'accès à l'information sémantique et reflèterait son intégration dans le contexte local.

Sanchez-Casas, Ferré, Garcia-Albea et Guasch, (2006) ont ont montré que l'amplitude de l'effet d'amorçage sémantique augmente avec la similarité sémantique.

Récemment, Ferrand et New (2003b) ont montré qu'il était possible d'obtenir dans la même expérience un effet d'amorçage purement sémantique et un effet d'amorçage purement associatif. Ferrand et New (2003b) ont créé (1) des paires purement sémantiques mais non associées verbalement comme « dauphin-BALEINE », (2) des paires associées verbalement mais non similaires sémantiquement comme « araignée-TOILE ». Les paires associées verbalement n'appartenaient jamais à la même catégorie sémantique.

Les résultats de Ferrand et New (2003b) montrent un effet d'amorçage purement sémantique en l'absence d'association verbale, et un effet d'amorçage purement associatif en l'absence de similarité sémantique. Ils suggèrent de distinguer et de manipuler indépendamment les relations associatives (obtenues par les normes d'associations verbales) et les relations sémantiques (en termes de partage de traits ou de propriétés sémantiques). Lorsque cette indépendance est respectée, il est possible d'obtenir un effet d'amorçage purement sémantique (non-associatif) qui nous renseigne sur la structure du lexique sémantique ; et un effet d'amorçage associatif qui nous renseigne sur la nature de la relation entre les lexiques formels et sémantique.

2.2.1 Le rôle de la force d'association verbale dans l'amorçage associatif

Dans une série d'expériences de décision lexicale, Cañas (1990) a manipulé trois facteurs : le SOA (200 msec, 500 msec et 1000 msec), la force associative (faible = 2 % vs. forte = 64 %), et la proportion de mots reliés (faible, intermédiaire et élevée). Les résultats montrent que les cibles précédées par des amorces fortement associées étaient lues plus rapidement pour les trois SOAs et les trois proportions de mots reliés. Les cibles précédées par des amorces faiblement associées ne produisaient pas d'effet pour les listes contenant une faible proportion de paires reliées avec un SOA long. Par contre, avec un SOA court, l'effet de la force associative réapparaît. Ces résultats suggèrent que l'effet de la force associative a deux composantes : une composante automatique, rapide et non-consciente, et une composante plus lente et stratégique.

À travers une série d'expériences de décision lexicale et de prononciation, Balota et Paul (1996) ont montré que la présentation de plusieurs amorces associées verbalement produit plus d'effet de facilitation que lorsqu'une seule amorce est présentée. En effet, la présentation de deux amorces associées verbalement à la cible (comme « cuivre-bronze-METAL ») entraînait un effet d'amorçage plus fort que la présentation de deux amorces non-reliées (« ordre-laine-METAL »). Par ailleurs, cet effet était *additif*, c'est à dire que l'effet de facilitation obtenu avec deux amorces associées (cas « cuivre-bronze-METAL ») était égal à la somme des deux effets de facilitation obtenus avec chacune des deux amorces.

2.2.2 Vers une nouvelle définition de la relation associative/sémantique : la fréquence de co-occurrence de deux mots et la notion d'espace sémantique

Spence et Owens (1990) ont proposé une nouvelle définition de la relation associative en termes de fréquences de co-occurrences locales de deux mots dans la langue. Par exemple, les mots « sel » et « poivre » ont une forte probabilité d'apparaître ensemble dans la langue.

Lund et Burgess (1996 ; Burgess & Lund, 2000) ont proposé une définition de la fréquence de co-occurrence en termes d'espaces sémantiques. Un espace sémantique est un espace à n dimensions, dans lequel les concepts sont représentés par des vecteurs. Leur modèle HAL (« Hyperspace Analogue to Language ») calcule la fréquence de co-occurrence de mots dans un large corpus pour une fenêtre prédéfinie. Cela permet d'établir quels sont les mots les plus proches d'un mot cible donné.

Landauer et Dumais (1997) ont proposé un modèle de l'espace sémantique, appelé LSA (« Latent Semantic Analysis ») qui permet d'estimer les relations sémantiques latentes entre les mots, même s'ils ne sont jamais proches l'un de l'autre dans un texte. L'information concernant la signification d'un mot peut être déterminée en observant les contextes dans lesquels ce mot apparaît. Dans LSA, la fréquence de co-occurrence est donc plus de nature associative que sémantique.

Jones et Mewhort (2007) ont développé un modèle où les représentations sémantiques des mots sont construites sur la base de leurs co-occurrences statistiques dans les textes. Ce modèle, appelé BEAGLE (« Bound Encoding of the Aggregate Language Environment ») intègre les deux types d'informations codées par HAL et LSA. Il traite les phrases des textes une par une, apprenant l'information contextuelle et relative à l'ordre des mots d'une phrase donnée avant de passer à la phrase suivante. Par exemple, dans la phrase « The robin flew down from the tree and ate the worm » [Le rouge-gorge s'envola de l'arbre et mangea le ver], il existe une co-occurrence directe formée par « robin », « flew » et « worm » car ces trois mots apparaissent dans la même phrase. Ce modèle traite également la co-occurrence indirecte des mots qui n'apparaissent pas nécessairement ensemble (comme « robin » [rouge-gorge] et « hawk » [faucon], qui apparaissent tous les deux avec « flew ») et partagent la même information d'ordre dans la phrase.

2.2.3 Amorçage sémantique/associatif « médié » et la notion de distance associative

L'amorçage sémantique/associatif « médié » (« mediated priming ») repose sur l'utilisation d'amorces et de cibles reliées *indirectement* par l'intermédiaire d'un autre mot. Par exemple, les mots « lion » et « rayures » sont « médiés » sémantiquement par l'intermédiaire du mot « tigre » auquel ils sont associés [« lion » → (« tigre ») → « RAYURES »]. McNamara (1992) a développé la notion de *distance associative*. Ainsi, « tigre » et « rayures » sont directement associés et ont une distance associative d'une seule étape ; « lion » et « rayures » sont indirectement associés et ont une distance de deux étapes.

En utilisant la technique de présentation isolée en continue, McNamara (1992, 1994) a mis en évidence un effet significatif d'amorçage médié avec une distance sémantique de trois étapes associatives (cas « crinière-RAYURES » via « lion » → « tigre » → « rayures »). L'effet, bien que significatif, était plus modeste que lorsque la distance sémantique était de deux étapes. L'effet d'amorçage sémantique disparaît totalement lorsque deux items non-reliés sont insérés entre l'amorce et la cible (« lion-table-pierre-tigre »). Ces résultats suggèrent qu'une appréciation consciente de la relation entre l'amorce et la cible n'est pas nécessaire pour obtenir un effet d'amorçage sémantique.

2.3 Le décours temporel des effets d'amorçage sémantique/associatif et leur nature facilitatrice/inhibitrice

Les expériences de décision lexicale catégorielle (Becker, 1980 ; Neely, 1977) ont montré que les effets sémantiques sont le résultat d'une combinaison de facilitation et d'inhibition par rapport à une condition neutre (XXXX ou BLANK) lorsque le SOA est supérieur ou égal à 500 msec. Lorsque le SOA est inférieur ou égal à 250 msec, l'effet de facilitation des paires reliées augmente, tandis que l'effet d'inhibition des paires non-reliées diminue fortement.

Les résultats sont sensiblement différents en ce qui concerne l'amorçage associatif. De Groot, Thomassen et Hudson (1986) ont étudié en détails le décours temporel des effets de facilitation et d'inhibition pour des paires de mots *associés* verbalement dans la tâche de décision lexicale en utilisant onze SOAs (de 100 msec à 1240 msec).

Les résultats obtenus par De Groot *et al.* (1986) montrent que l'effet de facilitation (venant des amorces reliées par rapport aux amorces neutres) augmente à mesure que le SOA augmente, tandis que l'effet d'inhibition (venant des amorces non-reliées par rapport aux amorces neutres) reste stable à travers les SOA.

2.4 Effets d'amorçage sémantique/associatif et stratégies

2.4.1 Effet de la proportion de paires reliées

Dans la tâche de décision lexicale, lorsque le SOA est égal ou supérieur à 500 msec, l'effet de facilitation des amorces reliées augmente en amplitude à mesure que la proportion de paires reliées augmente. Cet effet de la proportion disparaît lorsque le SOA est égal ou inférieur à 300 msec (De Groot, 1984). En revanche, l'effet d'inhibition des amorces non-reliées n'est pas affecté par le changement de proportion de paires reliées.

2.4.2 Traitement superficiel vs. profond de l'amorce

De nombreux travaux ont montré que l'amplitude de l'effet d'amorçage sémantique dépend de la profondeur de traitement des amorces. En utilisant la tâche de détection de lettres suivie d'une tâche de décision lexicale sur la cible, Friedrich, Henik et Tzelgov (1991) n'ont pas obtenu d'effet d'amorçage sémantique mais ils ont mis en évidence un robuste effet de répétition. Cet effet de répétition n'a pas été obtenu pour des nonmots, ce qui suggère que l'effet est localisé au niveau des représentations lexicales. Cette dissociation entre la présence d'un effet de répétition (lexical) et l'absence d'un effet d'amorçage sémantique dans la tâche de détection de lettres suggère que le sujet « bloque » l'accès aux représentations sémantiques. Ce processus de blocage serait non-conscient.

Heil, Rolke et Pecchinenda (2004) ont utilisé les potentiels évoqués électriques combinés à l'enregistrement des temps de réaction dans le paradigme de détection de lettre en amorçage sémantique. Dans la même expérience, alors qu'aucun effet d'amorçage sémantique n'est observé dans les temps de réaction (671 vs. 672 msec), un effet de la N400 (voir Encadré 6.1) est observé dans les potentiels évoqués électriques.

2.4.3 Traitement « conscient » vs. « subliminal » de l'amorce

Plusieurs travaux ont montré qu'il était possible d'obtenir un robuste effet d'amorçage sémantique dans des conditions de présentations subliminales de l'amorce.

Cependant, Cheeseman et Merikle (1984) rejettent le postulat selon lequel une perception consciente de l'amorce se traduit par des performances de détections correctes au-dessus du niveau de la chance. La plupart des sujets disent qu'ils ne sont pas conscients des amorces et que la plupart de leurs réponses sont faites au hasard alors que leurs performances réelles de détection des amorces sont souvent au-dessus du niveau de la chance.

Hirshman et Durante (1992) ont proposé une méthode astucieuse pour mesurer un effet d'amorçage sémantique subliminal. Avant chaque essai, les sujets reçoivent un indice (le chiffre 1 ou 2) leur indiquant la nature de la tâche à effectuer : soit une tâche d'identification de l'amorce (chiffre 1), soit une tâche de décision lexicale (chiffre 2). La présentation d'une tâche donnée est aléatoire pour chaque essai et chaque sujet. Cet aspect de la méthode permet d'éviter une double-tâche, avec des réponses concomitantes qui peuvent s'influencer mutuellement.

Avec une durée contrôle de 500 msec, 100 % des amorces sont identifiées correctement. Lorsque l'amorce est présentée pendant 33 msec, seulement 6 % sont identifiées correctement mais un robuste effet d'amorçage sémantique est obtenu. Ces résultats montrent un effet d'amorçage sémantique subliminal sans que les sujets puissent identifier consciemment les amorces. Ils suggèrent que l'activation sémantique se propage de façon automatique, rapide et non-consciente.

3. L'EFFET STROOP, LES EFFETS DE CONCRÉTUDE, D'IMAGEABILITÉ, ET D'AMBIGUÏTÉ SÉMANTIQUE (HOMONYMIE ET POLYSÉMIE)

3.1 L'effet Stroop

Une illustration aussi simple que frappante du caractère automatique du codage sémantique des mots est fournie par « l'effet Stroop » mis en évidence par l'auteur du même nom (Stroop, 1935). Dans cette épreuve, les sujets doivent identifier la couleur d'un mot écrit tout en ignorant sa lecture. Dans ces conditions, les temps d'identification des sujets sont significativement plus longs lorsque le mot est « incongruent » (par exemple, le mot « bleu » est écrit en rouge) que lorsque le mot est congruent (« bleu » est écrit en bleu) ou est neutre (par exemple, le mot « table » écrit en rouge). La taille de l'effet d'interférence Stroop est variable mais tourne généralement autour de 100 msec. Cet effet d'interférence est très robuste et a toujours été considéré comme une preuve indiscutable d'une activation sémantique automatique et irrépressible au cours de la lecture.

Dans une expérience de type Stroop, Besner, Stolz, et Boutilier (1997) ont utilisé des mots congruents (la couleur et le mot renvoient à la même couleur, comme « rouge » écrit en rouge), ou incongruents (la couleur et le mot ne renvoient pas à la même couleur, comme « rouge » écrit en bleu). Dans une condition, toutes les lettres étaient colorées d'une même couleur (condition unicolore). Dans une autre condition, une seule lettre était colorée et le reste était en gris (condition bicolore). La tâche des sujets était d'ignorer les mots et d'identifier les couleurs le plus rapidement et le plus correctement possible en appuyant sur un bouton réponse correspondant à la couleur cible.

Les résultats montrent que l'effet d'interférence sémantique (l'effet Stroop) est significativement plus faible lorsqu'une seule lettre est colorée (+72 msec) que lorsque toutes les lettres sont colorées (+103 msec). Si les mots étaient toujours lus automatiquement, de façon non-consciente et irrépressible, l'effet Stroop aurait dû être de même amplitude dans les deux conditions. Les auteurs expliquent la disparition de l'effet Stroop comme étant due au blocage temporaire de l'activation du niveau sémantique face à un bas niveau de traitement.

Afin de tester si les sujets peuvent abandonner le codage sémantique, Augustinova et Ferrand (2007) ont restreint leur fenêtre attentionnelle en maintenant la position de la lettre constante : c'était toujours la première lettre du mot. Les sujets avaient pour consigne explicite de focaliser leur attention sur cette première lettre. Dans leur Expérience 1a, le reste du mot était écrit dans une autre couleur que la première lettre (par exemple, pour le mot « rouge », la couleur de la lettre « r » à dénommer est bleue et la couleur du reste du mot « ouge » est verte). Dans leur Expérience 1b, le reste du mot était écrit en gris.

Les auteurs obtiennent un effet d'interférence Stroop classique dans les deux expériences. Cette interférence est plus faible dans la condition bicolore mais ne disparaît pas. Ce point suggère que la composante sémantique de l'effet Stroop n'est pas flexible. En effet, les sujets semblent incapables de « bloquer » le codage sémantique des mots et cela malgré une attention allouée de manière systématique au début du mot. Augustinova et Ferrand (2007) suggèrent qu'une apparente réduction de l'effet Stroop classique et associé n'implique pas nécessairement que l'activation sémantique soit bloquée ou éliminée. Cela suggère simplement que l'utilisation d'une telle information sémantique peut être sous contrôle, mais pas son activation en tant que telle. De même, nous avons vu dans la section précédente qu'un effet de la N400 pouvait être observé alors même que les données comportementales ne témoignent d'aucun effet d'amorçage sémantique.

3.2 Les effets de concrétude

Les mots concrets sont tous les mots pouvant être expérimentés par les sens ; par opposition aux mots abstraits (Kamman & Streeter, 1971). Par exemple, « voiture » et « tomate » sont des mots concrets tandis que « idée » et « âme » sont des mots abstraits.

3.2.1 Effets de concrétude : chronométrie mentale

Schwanenflugel, Harnishfeger, et Stowe (1988) ont montré l'existence d'un robuste effet de concrétude : les temps de lecture sont plus rapides pour les mots concrets que pour les mots abstraits.

Selon la *théorie de la disponibilité contextuelle* (Schwanenflugel *et al.*, 1988), la différence entre les mots concrets et les mots abstraits vient de leur traitement différentiel dans un système sémantique unique. Cette théorie suggère que les concepts concrets sont plus fortement associés à des informations contextuelles et contiennent plus d'information que les concepts abstraits.

Selon *la théorie du double codage* (Paivio, 1991), il existe deux systèmes de représentations fonctionnellement indépendants mais interconnectés : un système de représentations linguistiques verbales et un système de représentations imagées. Les mots concrets sont représentés dans les deux systèmes de représentation alors que les mots abstraits sont représentés uniquement dans le système linguistique verbal.

Les données de la neuropsychologie cognitive (Funnell, Corballis & Gazzaniga, 2001) et de l'imagerie cérébrale (Binder, Westbury, McKiernan, Possing, & Medler, 2005) supportent l'interprétation de l'effet de concrétude en termes de double codage. En effet, les patients « dyslexiques profonds » ayant une lésion cérébrale localisée dans l'hémisphère gauche ont un déficit sélectif pour les abstraits, ce qui suggère une représentation du système imagé dans l'hémisphère droit intact et du système verbal dans l'hémisphère gauche (Coltheart, 1980).

Selon la théorie du double codage de Paivio (1991) et l'hypothèse neuropsychologique de Coltheart (1980), l'effet de concrétude devrait être plus important si on empêche l'accès au lexique commun (ou à l'hémisphère gauche) et devrait être plus faible si on empêche l'accès au lexique spécifique (ou à l'hémisphère droit). Afin de tester ces hypothèses, Kroll et Merves (1986) ont manipulé l'accès au lexique commun en présentant les mots concrets et abstraits séparément. La moitié des sujets ont d'abord reçu les mots concrets, et l'autre moitié a d'abord reçu les mots abstraits. Selon le modèle de double codage, les mots concrets présentés en premier vont bénéficier du lexique spécifique et le passage aux mots abstraits va perturber leur traitement. Si les mots abstraits sont présentés en premier, aucune différence ne devrait être observée parce que les deux types de mots peuvent utiliser le lexique commun. Selon l'hypothèse d'un lexique unique aux mots abstraits et concrets, l'ordre de présentation ne devrait pas influencer la taille de l'effet de concrétude. Les résultats obtenus par Kroll et Merves (1986) révèlent un robuste effet de concrétude (+ 72 msec) lorsque les mots concrets sont présentés en premier. Lorsque les mots abstraits sont présentés en premier, l'effet de concrétude disparaît totalement (-15 msec). Ces résultats sont plutôt compatibles avec l'hypothèse d'un double codage et d'une double représentation des mots concrets.

3.2.2 Effet de concrétude : potentiels évoqués et imagerie cérébrale

Kounios et Holcomb (1994) ont montré que les mots concrets engendraient une composante N400 plus négative que les mots abstraits. Cette différence était plus large dans une tâche de jugement de concrétude (qui requiert un traitement sémantique profond) que dans une tâche de décision lexicale. L'effet N400 pour les mots concrets était également plus large pour les régions antérieures de l'hémisphère droit. Cette interaction entre l'effet de concrétude et la distribution cérébrale suggère que les mots concrets activent une région différente de celle activée par les mots abstraits.

West et Holcomb (2000) ont examiné le décours temporel de l'effet de concrétude en fonction de la profondeur de traitement. Dans une tâche de génération d'images, les sujets devaient générer une image mentale du dernier mot de la phrase, en répondant « oui » ou « non » (« Il est facile/difficile de générer une image mentale d'un *éléphant*/d'une *aptitude* »). Dans une tâche sémantique, les sujets devaient récupérer la sémantique verbale en effectuant un jugement sémantique (« Il est fréquent/peu fréquent pour les gens d'avoir un *éléphant*/une *attitude* »). Les résultats comportementaux montrent un effet significatif de concrétude dans la tâche de génération d'images et de jugement sémantique.

Dans la tâche de génération d'images, les mots concrets ont généré plus de négativité que les mots abstraits, avec un pic autour de 650-700 msec (N700). L'effet de concrétude était plus large dans la tâche sémantique. Le pic de l'effet de concrétude pour la tâche sémantique était autour de 400-500 msec (N400). Ces résultats suggèrent l'implication de deux processus cognitifs distincts. Tout d'abord, l'observation de la N400 étendue dans les deux types de tâche reflèterait l'activation du système sémantique linguistique commun aux mots concrets et abstraits. Ensuite, la N700 représenterait l'activation d'un système imagé plus disponible pour les mots concrets que pour les mots abstraits.

Concernant les bases neurales de l'effet de concrétude, Binder *et al.*, (2005) ont réalisé une étude de l'effet de concrétude utilisant l'IRMf dans une tâche de décision lexicale. Les résultats neurophysiologiques montrent que les mots concrets et abstraits activent tous deux un réseau latéralisé dans l'hémisphère gauche. Les résultats révèlent une implication plus importante dans les aires associatives bilatérales pour les mots concrets. Le traitement des mots abstraits se fait exclusivement dans l'hémisphère gauche.

3.3 Les effets d'imageabilité

Le facteur concrétude est fortement corrélé avec le facteur imageabilité. Cette corrélation varie entre 0,64 et 0,95 (Schwanenflugel *et al.*, 1988).

Strain, Patterson et Seidenberg (1995) ont étudié l'influence de *l'imageabilité* sur les performances de lecture à voix haute. Les mots fortement imagés (comme « épée », « peigne ») possèdent beaucoup de propriétés sensorimotrices tandis que les mots faiblement imagés (comme « naïf », « présomption ») possèdent des propriétés sémantiques plus abstraites. Strain *et al.* (1995) ont utilisé des mots de basse fréquence et ont manipulé factoriellement l'imageabilité (faible vs. forte) et la régularité des mots (régulier vs. irrégulier). Les résultats montrent un effet de la régularité (mots réguliers = 538 msec ; mots irréguliers = 558 msec), de l'imageabilité (mots fortement imagés = 538 msec ; mots faiblement imagés = 560 msec), ainsi qu'une interaction entre ces deux facteurs, telle que l'effet d'imageabilité n'est obtenu que pour les mots irréguliers. Selon les auteurs, les représentations sémantiques des mots fortement imagés possèdent plus de traits sémantiques définitionnels que les mots faiblement imagés. Aussi, l'activation orthographique d'un mot régulier vers le niveau phonologique va se faire rapidement, avant que n'intervienne l'information sémantique. L'activation plus lente des mots irréguliers laissera l'information sémantique influencer l'activation phonologique.

3.4 Les effets d'ambiguïté sémantique

3.4.1 Définitions et résultats préliminaires

Le terme « polysémie » est souvent utilisé de façon interchangeable avec les termes « homonyme » et « homographe » même si ces trois termes recouvrent des entités quelque peu différentes (Klein & Murphy, 2002). Comparons les phrases suivantes :

1. La clé de la porte / La clé du problème
2. Un avocat général / Un avocat aux crevettes

Dans le premier cas, il existe une relation de sens entre les deux occurrences du mot « clé » et ce mot est considéré comme véritablement « polysémique ». Dans le second cas, il n'existe pas de relation sémantique entre les deux occurrences du mot « avocat » mais l'orthographe est identique ; on parle « d'homonymes ». Les homonymes ont toujours la même orthographe mais peuvent avoir une prononciation différente (« des fils de fer » ; « un fils sportif »). On parle alors « d'homographes » ou « d'homonymes hétérophones ». Bien que les mots polysémiques soient plus répandus que les homonymes (Rodd, Gaskell, et Marslen-Wilson ; 2004), la plupart des études psycholinguistiques considère ces deux types de mots comme sémantiquement « ambigus ».

Rubenstein *et al.* (1971) ont mesuré la polysémie d'un mot cible en demandant aux sujets d'écrire le premier sens qui leur venait à l'esprit à la suite d'un stimulus cible. Sur la base de ces mesures, les auteurs ont montré que les temps de décision lexicale étaient significativement plus longs pour les mots ayant une seule signification que pour des homonymes. De plus, cet effet était additif avec la fréquence. Toutefois, Forster et Bednall (1976) n'ont pas réussi à répliquer les résultats de Rubenstein *et al.* (1971) et ont suggéré que le matériel de ces auteurs n'était pas contrôlé rigoureusement.

3.4.2 Vers une métrique de la polysémie

Millis et Button (1989) ont proposé trois métriques de la polysémie reposant sur le nombre de significations différentes auxquelles un sujet peut penser. Dans une première expérience, les auteurs ont demandé aux sujets d'écrire la première signification à laquelle ils pensaient pour un mot donné. La moitié des mots testés avait une seule signification, tandis que l'autre moitié avait en moyenne 4,45 significations. Ces deux groupes de mots, appariés en familiarité et en fréquence, n'ont pas permis de mettre en évidence un effet significatif du nombre de significations. La seconde métrique consistait à demander aux sujets d'écrire toutes les significations auxquelles ils pouvaient penser pour un mot donné. Sur la base de cette mesure, les temps de décision lexicale étaient significativement plus courts pour les mots ayant beaucoup de significations que pour les mots ayant peu de significations. Concernant la troisième métrique, les auteurs ont demandé aux sujets d'écrire toutes les significations auxquelles ils pouvaient penser pour un mot donné et ont ensuite moyenné le nombre de significations par sujets. Les résultats montrent que les temps de décision lexicale sont significativement plus courts pour les mots ayant plusieurs significations que pour les mots n'en ayant qu'une seule.

Ces résultats suggèrent que l'effet de polysémie ne dépend pas du nombre de significations différentes mais de la métrique utilisée. Les métriques utilisant le nombre total de significations et le nombre moyen de significations sont sensibles à l'effet de polysémie.

3.4.3 Le locus de l'effet d'ambiguïté sémantique

Borowsky et Masson (1996) ont utilisés des nonmots prononçables et illégaux dans la tâche de décision lexicale. Les nonmots légaux doivent être traités plus en profondeur pour pouvoir être exclus. Par contre, les nonmots illégaux peuvent être exclus simplement en faisant appel au niveau orthographique. Si l'effet d'ambiguïté est localisé au niveau orthographique, il devrait être obtenu quel que soit le type de nonmots utilisés. En revanche, si cet effet est localisé au niveau sémantique, il ne devrait être observé que pour les nonmots prononçables.

Les résultats obtenus montrent que les temps de décision lexicale sont plus rapides pour les mots ayant au moins deux significations que pour les mots n'en ayant qu'une seule. Cet effet n'est observé qu'avec des nonmots légaux mais pas avec des nonmots illégaux. Cette interaction confirme l'hypothèse de Joordens et Besner (1994) en localisant l'effet d'ambiguïté au niveau sémantique.

Hino et Lupker (1996) ont examiné l'effet d'ambiguïté en fonction de la fréquence des mots. Dans une expérience de décision lexicale contenant des nonmots légaux, Hino et Lupker (1996) ont obtenu un effet de fréquence, un effet d'ambiguïté et pas d'effet d'interaction. Selon la logique de la méthode des facteurs additifs de Sternberg (1969), ces résultats suggèrent que la fréquence et l'ambiguïté influencent deux niveaux de traitement séparés, probablement le niveau orthographique/phonologique lexical pour la fréquence et le niveau sémantique pour l'ambiguïté.

3.4.4 L'effet d'ambiguïté sémantique : facilitation ou inhibition ?

Les travaux réalisés avec la technique d'enregistrement des mouvements des yeux et la tâche de compréhension de phrases ont montré que la durée du regard sur un mot ambigu était significativement *plus longue* que la durée du regard sur un mot non-ambigu dans des phrases à contexte neutre (Carpenter & Daneman, 1981). Cette inhibition serait liée à un coût de traitement sémantique dans la mise en correspondance d'un code orthographique unique avec plusieurs représentations sémantiques ou une compétition entre les différentes représentations activées.

En testant des stimuli identiques, Hino, Lupker et Pexman (2002) ont obtenu un effet de facilitation dans une tâche de décision lexicale et un effet d'inhibition dans une tâche de catégorisation sémantique.

Aussi, Hino *et al.* (2002) ont montré que les temps de décision lexicale et de prononciation sont significativement plus lents pour des synonymes que pour des mots sans synonymes. Les synonymes activent des représentations orthographiques différentes (comme « moufles » et « gants ») et une représentation sémantique commune. Cette représentation sémantique commune renvoie de l'activation vers deux représentations orthographiques distinctes qui entrent en compétition.

Il existe donc deux effets de l'ambiguïté sémantique qui varient en fonction de la tâche : un effet de facilitation dans les tâches de décision lexicale et de prononciation et un effet d'inhibition dans les tâches de catégorisation sémantique et de lecture naturelle de phrases.

3.4.5 Polysémie, homonymie et similarité sémantique

Dans les travaux présentés précédemment, les mots polysémiques (comme « clé ») et les homonymes (comme « avocat ») ne sont pas distingués mais mélangés dans le matériel linguistique testé. Klein et Murphy (2002) soulignent toutefois que si les différents sens d'un mot polysémique sont reliés, ils ne sont généralement pas similaires sémantiquement.

Rodd, Gaskell et Marslen-Wilson (2002) ont clairement distingué les homonymes (comme « avocat ») des mots polysémiques (comme « clé »). Selon eux, les homonymes comme « avocat » peuvent être considérés comme des mots différents, ayant deux significations différentes, « le fruit » et « la profession ». En revanche, un mot polysémique comme « clé » est considéré comme un mot unique ayant plusieurs sens proches. Rodd *et al.* (2002) ont manipulé factoriellement l'ambiguïté (homonymie) et le nombre de sens (polysémie) dans une tâche de décision lexicale. Les auteurs ont inclus des pseudo-homophones afin d'augmenter le traitement sémantique des mots. Les auteurs ont obtenu un effet facilitateur de polysémie : les mots ayant plusieurs sens étaient traités plus rapidement que les mots ayant peu de sens. En revanche, un *effet inhibiteur* d'homonymie a été obtenu : les mots ambigus (homonymes, ayant des significations différentes) étaient traités significativement plus lentement que les mots non-ambigus. Ces résultats suggèrent que les deux types d'ambiguïté sémantique (polysémie vs. homonymie) ont des effets très différents. Tandis que des significations très différentes ralentissent les temps de reconnaissance, des sens similaires les facilitent. Ces résultats sont nouveaux dans la mesure où tous les modèles expliquant les effets d'ambiguïté ont considéré que plusieurs significations devaient produire des temps de décision lexicale plus rapides. Ils suggèrent que les sens des mots polysémiques sont stockés sous une seule entrée lexicale et les sens des mots homonymes sont stockés sous différentes entrées lexicales.

4. LES MODÈLES DU CODAGE SÉMANTIQUE DANS LA LECTURE

4.1 Le modèle de la propagation automatique de l'activation sémantique (« Spreading-activation ») de Collins et Loftus (1975)

Le très populaire modèle verbal de Collins et Loftus (1975) correspond à un réseau complexe de nœuds conceptuels connectés les uns aux autres via des liens de forces et de distances variables. La Figure 6.3 illustre ce modèle.

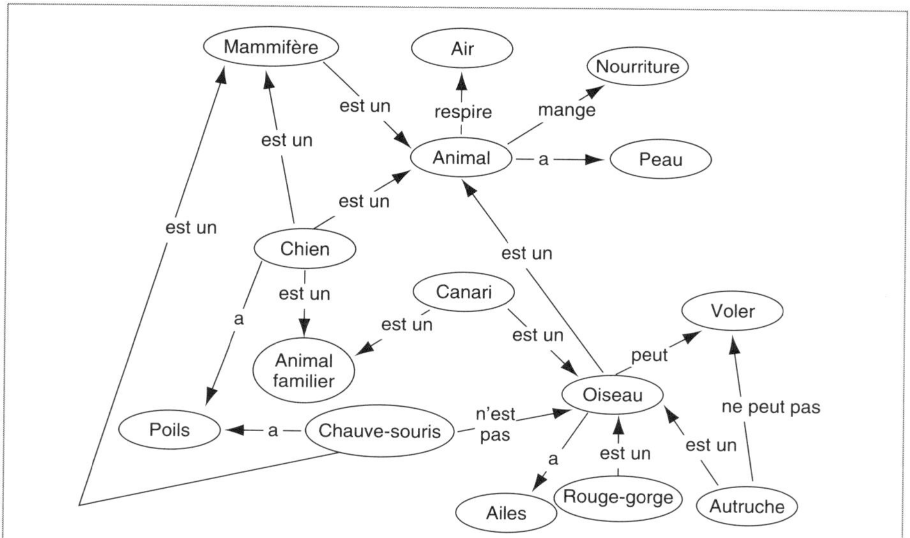

FIGURE 6.3

Le modèle de la propagation automatique de l'activation sémantique de Collins et Loftus (1975).

Ce modèle représente les catégories sémantiques superordonnées, subordonnées et les propriétés sémantiques spécifiques. Les cercles représentent les nœuds conceptuels. Les flèches représentent la nature des connexions entre ces différents nœuds et les propriétés spécifiques. La force des relations sémantiques entre les différents concepts est représentée par la longueur des flèches : plus les flèches sont longues, plus la relation sémantique est faible et inversement. Les membres non prototypiques (comme

« autruche ») sont plus éloignés de la catégorie superordonnée (« oiseau ») que les membres prototypiques. Certaines des relations entre les différents nœuds conceptuels peuvent être explicitement négatives (par exemple, le concept « chauve-souris » n'est pas un oiseau). Le modèle fonctionne selon un mécanisme de propagation automatique de l'activation sémantique.

Ce type de modèle est idéal pour interpréter les effets d'amorçage sémantique/associatif. Le mot cible « CHIEN » va être facilité par la présentation préalable de l'amorce « chat » car ces deux nœuds conceptuels sont fortement connectés et proches dans le réseau. Par contre, l'amorce non-reliée « table » ne va pas faciliter le traitement de la cible « CHIEN » car ces deux mots sont très éloignés dans le réseau.

Ce modèle prédit que l'activation sémantique est *plus forte* et *plus rapide* pour les concepts fortement associés que pour les concepts faiblement associés. Alors que la force d'association verbale a été confirmée maintes fois, Lorch (1982) a montré qu'elle n'influence pas le temps mis par l'activation pour se propager de l'amorce vers la cible. Autrement dit, l'activation sémantique est plus forte pour les concepts fortement associés mais pas plus rapide.

4.2 Le modèle computationnel distribué de Kawamoto (1993 ; Kawamoto, Farrar, & Kello, 1994)

Dans le modèle de Kawamoto (1993), les mots sont représentés par des patterns d'activation distribués à travers des unités de traitements interconnectées à toutes les autres unités. Ce réseau comprend 48 unités orthographiques, 48 unités phonologiques et 96 unités sémantiques. Les unités sémantiques correspondent à des traits sémantiques. Un mot est représenté par un pattern d'activation à travers les 216 unités et chaque unité du réseau correspond à une partie de la représentation de chaque mot. La phase d'apprentissage du réseau utilise un algorithme de correction de l'erreur qui consiste à modifier les forces de connexions des unités au cours de l'apprentissage. Le but du réseau est d'atteindre un niveau stable d'activité suite à la présentation d'un mot.

La force associative est manipulée en augmentant le nombre de traits sémantiques partagés entre l'amorce et la cible (0, 12, 24, 48 ou 96). L'effet d'amorçage associatif est simulé par le partage de traits sémantiques dans le réseau, les mots associés ayant plus de traits sémantiques en commun que les mots non associés. L'effet d'amorçage augmente avec la force associative et interagit avec la fréquence ; cela augmente plus vite pour les mots de basse fréquence que pour les mots de moyenne fréquence. C'est seulement dans une version ultérieure du modèle que Kawamoto *et al.* (1994) parviennent à simuler l'effet de polysémie en le localisant au niveau orthographique.

4.3 Le modèle computationnel distribué de Masson (1995 ; Borowsky & Masson, 1996)

Le modèle distribué de Masson (1995) a été développé pour simuler les effets d'amorçage sémantique/associatif dans la tâche de prononciation essentiellement. Borowsky et Masson (1996) l'ont ensuite modifié pour simuler les effets d'ambiguïté sémantique. Le modèle comprend trois modules de traitement permettant de coder l'information orthographique, phonologique et sémantique. Les connaissances d'un mot sont représentées dans les forces de connexions entre les unités de traitement et les concepts sont définis comme des patterns d'activations à travers ces unités. Les unités ne peuvent prendre que deux valeurs d'activation « on » ou « off ».

Le module orthographique comprend 130 unités, le module phonologique 40 unités et le module sémantique 80 unités. Ce modèle est récurrent dans la mesure où chaque unité de traitement du réseau est connectée avec toutes les autres unités et l'activation des unités change tant que le réseau n'a pas atteint un état stable.

Lorsqu'une amorce est présentée au réseau (par exemple « tigre »), les unités orthographiques vont changer l'état des autres unités (sémantiques et phonologiques) du modèle. Le sens d'un mot est considéré comme activé lorsque les unités sémantiques s'ajustent aux valeurs correspondant au mot concerné. Lorsque le mot cible « lion » est présenté, un effet de facilitation est obtenu car les unités sémantiques de l'amorce et de la cible se recouvrent (<quatre jambes>, <fourrure>, <queue>, etc.).

Cette version du modèle n'arrive pas à simuler la diminution de l'effet d'amorçage lorsqu'un item non-relié intervient entre l'amorce et la cible (comme « lion-pierre-tigre » ; McNamara, 1992) mais la première version (Masson, 1991) ne contenant que deux modules (orthographique et sémantique) y parvient.

4.4 Le modèle computationnel distribué de Cree, McRae et McNorgan (1999)

Cree *et al.* (1999) ont développé un modèle connexionniste distribué capable de mettre en correspondance les formes orthographiques/phonologiques des mots avec leurs représentations sémantiques. Ce modèle est interactif, cyclique et représente les patterns d'activation de façon distribuée. Il repose sur des traits sémantiques obtenus de façon empirique pour 190 noms concrets. Il concerne essentiellement l'amorçage purement sémantique (non-associatif). Au cours de l'activation de la sémantique d'un mot à partir de sa forme orthographique/phonologique, les unités interagissent et actualisent leur état de façon répétée jusqu'à ce qu'un pattern d'activation stable soit atteint à travers toutes les unités concernées. Arrivé à cet état de stabilité le mot est « reconnu ». L'architecture du réseau de Cree *et al.* (1999) est présentée dans la Figure 6.4.

Le réseau comprend 12 unités orthographique/phonologique, 1242 unités sémantiques et 30 unités de corrélation de traits. Le modèle code la structure sémanti-

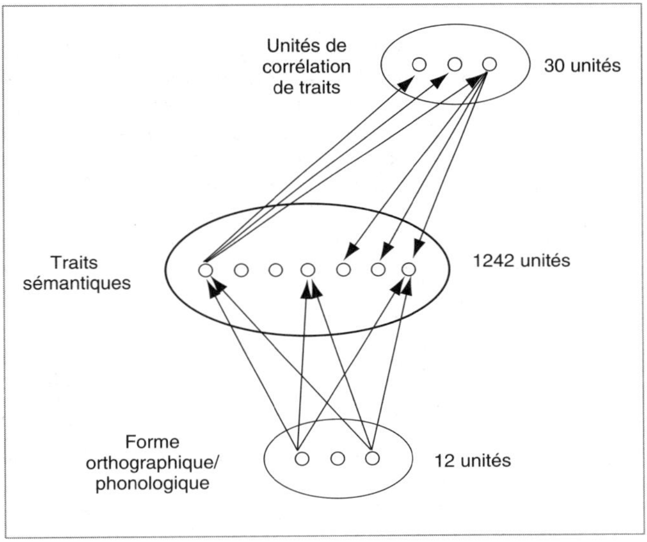

FIGURE 6.4
Architecture du réseau développé par Cree et al. (1999).
Toutes les connexions ne sont pas représentées.

que d'un mot grâce à des corrélations de traits. Les unités de corrélation de traits reçoivent de l'activation des unités sémantiques et en renvoient en retour. Elles codent les régularités sémantiques et les exploitent au moment du calcul de la sémantique d'un mot. Ce réseau utilise le mécanisme de rétropropagation de l'erreur (Seidenberg & McClelland, 1989 ; Chapitre 4) pour la phase d'apprentissage. Il peut parfaitement simuler l'effet d'amorçage purement sémantique (non-associatif). Il simule également avec succès l'absence d'un effet sémantique pour les paires peu similaires sémantiquement. Reste à savoir s'il peut simuler l'effet d'amorçage sémantique en fonction des SOAs, l'effet d'amorçage médié, la nature facilitatrice ou inhibitrice des effets sémantiques, etc. De plus, le modèle reste totalement silencieux en ce qui concerne les effets d'amorçage associatifs.

4.5 Le modèle computationnel distribué de Plaut et Booth (2000)

Récemment, Plaut et Booth (2000) ont proposé un modèle connexionniste distribué permettant de rendre compte des effets d'amorçage associatifs et catégoriels. Les concepts sont représentés par des patterns d'activité distribués sur un grand nombre d'unités de traitement interconnectées. L'activation ne se propage pas entre des concepts mais entre des traits sémantiques, de sorte que les concepts reliés sont représentés par des patterns similaires. Au cours de la lecture d'un mot, les unités coopèrent ou entrent en compétition à travers des forces de connexions jusqu'à ce que le réseau atteigne un niveau de stabilité.

Le réseau comprend 18 unités orthographiques (correspondant à des triplets de lettres), 100 unités cachées et 100 unités sémantiques (correspondant à des traits sémantiques). Le réseau a tout d'abord été soumis à une procédure d'entraînement afin qu'il puisse « reconnaître » les mots présentés isolément. L'état des unités du réseau change progressivement et continuellement dans le temps en fonction de l'influence des autres unités. Pour simuler les effets d'amorçage sémantique et associatif, les amorces et les cibles ont été présentées par paires au réseau. Au cours de la procédure d'entraînement, la relation sémantique catégorielle a été codée dans le réseau par le degré de partage de traits sémantiques entre l'amorce et la cible, tandis que la relation associative a été codée par la fréquence de co-occurrence de l'amorce et de la cible. Le modèle distribué de Plaut et Booth (2000) explique et simule un grand nombre de phénomènes : les effets d'amorçage associatif et sémantiques en fonction des différents SOAs (de 200 msec à 800 msec), de la fréquence et de la dominance des cibles. Selon le modèle, l'effet sémantique catégoriel est dû au partage de traits sémantiques. Lorsque le SOA est court, les unités sémantiques de l'amorce convergent avec celles de la cible, et le partage d'unités entraîne un effet de facilitation ; lorsque le SOA augmente, le réseau doit également faire face aux unités non-partagées par l'amorce et la cible, ce qui affaiblit sa stabilité et diminue l'effet d'amorçage. Le modèle simule également l'effet d'amorçage lorsqu'un item non-relié intervient entre l'amorce et la cible (comme « pain-chien-beurre ») mais ne parvient pas à simuler l'effet d'amorçage médié (« lion-RAYURES », via « tigre »). Parce qu'il ne contient pas de représentations phonologiques, ce modèle ne peut pas simuler la lecture à voix haute. A l'heure actuelle, il n'existe pas un seul modèle computationnel complet permettant d'effectuer des simulations à tous les niveaux (visuel, orthographique, phonologique, morphologique et sémantique)

Résumé

Dans ce chapitre, nous avons abordé la nature et le mode d'organisation des représentations sémantiques dans le lexique mental. Nous avons aussi vu comment ces informations sémantiques sont codées et récupérées au cours de la lecture.

Les théories du réseau sémantique envisagent les relations sémantiques en termes de catégories hiérarchiques et les théories componentielles de la sémantique prennent comme point de départ les traits sémantiques.

Dans une seconde partie, nous avons abordé les principaux travaux consacrés à l'amorçage sémantique/associatif. Les relations associatives (obtenues à l'aide des normes d'associations verbales) et les relations sémantiques (en termes de partage des traits ou de propriétés sémantiques) doivent être distinguées et manipulées indépendamment. Ainsi, l'amorçage purement sémantique nous renseigne sur la structure du lexique sémantique, et l'amorçage purement associatif nous renseigne sur la structure des lexiques formels (orthographiques et phonologiques).

Nous avons discuté quelle était la mesure la plus adéquate de la similarité sémantique entre le partage de traits sémantiques et l'appartenance à une même catégorie. Nous avons décrit plusieurs effets sémantiques, comme l'effet de la force d'association verbale, l'effet d'amorçage sémantique « médié » et l'effet d'amorçage avec insertion d'un mot non-relié. Nous avons également traité du décours temporel des effets d'amorçage sémantique/associatif, de leur nature facilitatrice ou inhibitrice, ainsi que des stratégies utilisées.

Dans une troisième partie, nous avons évoqué les travaux consacrés à l'effet Stroop, aux effets de concrétude, d'imageabilité et d'ambiguïté sémantique (homonymie et polysémie).

Enfin, nous avons présenté les principaux modèles actuels du codage sémantique dans la lecture.

MOTS CLÉS

Pouvez-vous donner une définition de chacune des notions suivantes ?

- Association verbale
- Composante N400
- Concrétude
- Double codage
- Effet d'amorçage purement associatif
- Effet d'amorçage purement sémantique
- Effet de distance sémantique
- Effets Stroop
- Homonymie

- Polysémie
- Réseau sémantique
- Similarité sémantique
- Théorie componentielle

DES QUESTIONS POUR MIEUX RETENIR

1. En quoi consistent les trois relations catégorielles proposées par Rosch (le niveau super-ordonné, le niveau de base et le niveau subordonné) ?
2. Quels sont les niveaux à parcourir dans le réseau sémantique de Collins et Quillian pour comprendre la phrase « Un canari est un animal » ?
3. Quel est l'apport de la neuropsychologie cognitive concernant la nature des représentations sémantiques ?
4. Quelle est la différence entre l'amorçage associatif et l'amorçage purement sémantique ?
5. Qu'est-ce que l'onde cérébrale N400 ?
6. En quoi consiste la force d'association verbale, et quels sont ses effets sur la lecture ?
7. Comment se manifestent les effets d'amorçage lorsqu'un mot non-relié est inséré entre l'amorce et la cible ?
8. Quelle est la différence entre la stratégie de génération de prédictions et la stratégie de vérification post-lexicale ?
9. Quelle est la différence entre la polysémie, l'homonymie et l'homographie ?
10. L'effet d'ambiguïté sémantique est-il facilitateur ou inhibiteur ?
11. Quel est le principe de base du modèle de la propagation automatique de l'activation sémantique de Collins et Loftus ? Comment se propage l'activation ? Comment décline t-elle ?

Des lectures pour aller plus loin

McNamara, T.P. (2005). *Semantic priming : perspectives from memory and word recognition.* New York and Hove : Psychology Press.

Neely, J.H., & Kahan, T.A. (2001). Is semantic activation automatic ? A critical re-evaluation. In H.L. Roediger III, J.S. Nairne, I. Neath, & A.M. Surprenant (Eds.), *The nature of learning and motivation : Advances in research and theory* (Vol. 24, pp. 207-248). New York : Academic Press.

Rogers, T.T., & McClelland, J.L. (2004). *Semantic cognition : A parallel distributed approach.* MIT Press : Bradford Books.

Schwanenflugel, P.J. (1991) (Ed.). *The psychology of word meaning.* Hillsdale, NJ : Erlbaum.

Conclusion

La question essentielle de la psychologie cognitive de la lecture est de savoir comment un lecteur passe d'une forme visuo-orthographique à une signification, et ce en l'espace de moins d'une demi-seconde. Nous avons vu que pour rendre compte de ce processus apparemment si élémentaire qu'est la reconnaissance ou l'identification, il nous a fallu faire référence d'une manière détaillée, d'une part, à la nature des représentations mises en jeu (représentations orthographiques, phonologiques, morphologiques et sémantiques), et d'autre part, aux procédures qui opèrent sur ces représentations.

Dans cet ouvrage, nous avons vu que de nombreux facteurs jouaient un rôle dans les processus de lecture. Il s'agit en particulier de : la position optimale du regard, la fréquence d'occurrence, la familiarité, la longueur, l'âge d'acquisition, la trajectoire fréquentielle, le voisinage orthographique, le voisinage phonologique, l'homophonie, la régularité/consistance grapho-phonologique, la consistance phono-graphémique, la fréquence cumulée, la complexité morphologique, la taille de la famille morphologique, l'association verbale, la similarité sémantique, la polysémie, la concrétude, l'imageabilité, etc. Il est vraisemblable que dans un futur proche d'autres facteurs importants verront le jour (voir par exemple Barber & Kutas, 2007). Quoi qu'il en soit, le but de la psychologie cognitive de la lecture restera le même : il s'agira (1) de décrire l'architecture fonctionnelle des différents niveaux de traitements impliqués dans la lecture, (2) de préciser la nature des représentations sur lesquelles s'effectuent ces traitements, et (3) de spécifier le codage accompli par les différentes composantes de traitement.

Le modèle intégré de la lecture que nous avons proposé au Chapitre 1 constitue une approximation assez précise des mécanismes cognitifs impliqués dans la lecture de mots isolés. Il est organisé en plusieurs niveaux hiérarchiques de traitement : le niveau des traits visuels, des informations orthographiques prélexicales (les lettres, les graphèmes, l'attaque et la rime, et les syllabes), des informations phonologiques prélexicales correspondant aux informations orthographiques prélexicales (les phonèmes, l'attaque et la rime phonologique, et les syllabes), des informations orthographiques et phonologiques lexicales, des informations morphologiques et des informations sémantiques. Les représentations symboliques et locales de tous les niveaux sont activées en parallèle et en cascade de façon continue au cours de la lecture. Dans ce modèle interactif, l'activation inter- et intra-niveaux est bi-directionnelles. Si l'utilisation de ces différentes activations peut être sous contrôle (en fonction des critères décisionnels, du contexte, de la tâche, ou encore de l'attention allouée), les activations elles-mêmes restent automatiques, irrépressibles et non-conscientes.

Ces dernières années, les progrès de la psychologie cognitive ont été accélérés grâce aux neurosciences cognitives utilisant les techniques d'imagerie cérébrale (comme la MEG, l'IRMf, les PEV, etc.) en conjonction avec les techniques classiques de chronométrie mentale. La modélisation, les simulations et la neuropsychologie ont joué (et continuent de jouer) un rôle important.

Glossaire

Accès au lexique : Processus selon lequel une séquence visuelle (ou sonore) conduit à la récupération de la représentation d'un mot stocké dans le lexique mental.

Activation : Processus selon lequel le niveau d'activité d'une représentation mentale est modifié de façon positive.

Affixe : Élément pouvant être rattaché avant (préfixe) ou après (suffixe) la racine d'un mot.

Âge d'acquisition : Âge auquel un mot est acquis pour la première fois. Il existe plusieurs mesures de l'âge d'acquisition : une mesure *subjective* reponsant sur des estimaticns adultes et une méthode *objective* reposant sur les performances des enfants.

Amorçage : Technique expérimentale dans laquelle on étudie l'effet de la présentation d'un mot amorce sur le traitement d'un mot-cible. Le lien entre les deux mots peut être de nature sémantique (baleine-dauphin), associative (table-chaise), orthographique (foie-foin), phonologique (signe-cygne) ou morphologique (muret-mural.

Attaque : Premier son d'une syllabe composé d'une consonne (comme le /s/ de *sac*) ou d'un groupe consonantique (comme /sp/ dans *sport*) précédant la voyelle.

Bigramme : Groupement de deux lettres. Par exemple, le mot LIVRE a quatre bigrammes : LI, IV, VR et RE.

Coda : Dernier son d'une syllabe constituée par la consonne (comme le /k/ de *sac*) ou par le groupe consonantique (comme /r/ dans *sport*) succédant à la voyelle.

Cognition : Ensemble des activités et des entités qui se rapportent à la connaissance et à la fonction qui la réalise.

Concrétude : Les mots concrets sont tous les mots pouvant être expérimentés par les sens (par opposition aux mots abstraits).

Consistance / Inconsistance grapho-phonologique : Est considéré « inconsistant » tout mot pour lequel il existe au moins un autre mot qui partage la même rime orthographique mais qui se prononce différemment (par exemple, CROC et CHOC).

Consistance / Inconsistance phono-graphémique : Est considéré « inconsistant » tout mot pour lequel il existe au moins un autre mot qui partage la même rime phonologique mais qui s'écrit différemment (par exemple, MOT et PEAU).

Décision lexicale : Tâche utilisée dans les expériences de psycholinguistique dans lesquelles les sujets doivent décider le plus rapidement possible si le mot présenté fait partie de sa langue ou non.

Familiarité (ou Fréquence Subjective) : Mesure subjective de la fréquence personnelle d'un mot donné. Cette mesure est obtenue en demandant aux sujets de juger sur une échelle en 7 points de la nature familière ou non du mot, selon son expérience personnelle.

Fréquence d'occurrence (ou Fréquence objective ou Fréquence de surface) : Mesure objective permettant d'estimer le nombre de fois qu'un lecteur a lu un mot donné (sa forme orthographique). Cette estimation de la fréquence est obtenue en calculant le nombre d'occurrences d'un mot dans un large corpus de plusieurs millions de mots.

Fréquence cumulée : 1- mesure correspondant au nombre total de fois qu'un mot est lu (calculée à partir des corpus de fréquences venant de textes pour enfants et adultes ; Zevin & Seidenberg, 2002) ; 2- en morphologie, la fréquence cumulée (ou fréquence de base) correspond à la somme de la fréquence de surface du mot concerné, plus la fréquence de surface de tous les mots dérivés et fléchis de la même famile morphologique (partageant la même racine).

Graphème : Représentation écrite d'un phonème.

Homographe (ou homonyme) : Deux mots sont homographes lorsqu'ils s'écrivent de la même façon mais n'ont pas la même signification (par exemple, « avocat » renvoie au fruit ou à la profession).

Homophone : Deux mots sont homophones lorsqu'ils se prononcent de la même manière mais s'écrivent de façon différente et n'ont pas la même signification (par exemple, « verre », « ver », « vers » et « vert »).

Identification (ou Reconnaissance) : Activité perceptive et cognitive conduisant à l'identification ou la reconnaissance consciente d'un mot donné.

Inhibition : Processus selon lequel le niveau d'activité d'une représentation mentale est modifié de façon négative.

IRMf : Technique inoffensive d'imagerie cérébrale (imagerie par résonance magnétique fonctionnelle) permettant d'étudier le fonctionnement du cerveau en réalisant des images où est visualisé le constraste entre régions au flux sanguin accru et les régions au flux sanguin normal.

Langue agglutinative : Langue flexionnelle dans laquelle un mot peut être composé d'une longue série de préfixes, racines et suffixes (comme le turc).

Langue isolante : Langue ne modifiant pas la forme des mots (comme le chinois).

Langue flexionnelle : Langue utilisant beaucoup la morphologie par flexions pour transmettre des informations (comme le français).

Lexique mental : Dictionnaire mental d'un lecteur comprenant tous les mots connus ainsi que les informations phonologiques, orthographiques, sémantiques, syntaxiques et morphologiques associées.

MEG : technique d'imagerie cérébrale (Magnéto-Encéphalographie) consistant à enregistrer des champs magnétiques produits par le cerveau. Elle permet de suivre l'intensité du champ magnétique à la milliseconde près.

Monomorphémique : Se dit mot comprenant un seul morphème.

Morphème : La plus petite unité de signification dans laquelle les mots d'une langue peuvent être analysés.

Morphologie : Étude des règles de formation des mots permettant de décrire la structure interne des mots et leurs relations de parenté (par exemple,*fleur, fleurir, fleuriste, floraison*).

Morphologie dérivationnelle : Étude des règles de formation de mots nouveaux à partir de mots existants (par exemple, *chant + eur (chanteur*).

Morphologie flexionnelle : Étude des règles de modifications de la forme d'un mot pour qu'il s'adapte à son rôle dans la phrase en général par l'ajout d'une flexion (par exemple, *tu pens-es, les fille-s, elle pri-e*).

Mots de classe fermée (ou mots de fonction) : Catégories de mots constituant un répertoire fixe (les prépositions, les conjonctions, les pronoms, les articles et les auxiliaires).

Mots de classe ouverte (ou mots de contenu) : Catégories de mots constituant un répertoire ouvert (par exemple, les noms, les verbes, les adjectifs et certains adverbes).

Mot composé : Mot formé par la réunion d'autres mots (par exemple, *croque-monsieur, porte-bonheur*).

N400 : Onde cérébrale négative ayant un pic d'activité autour de 400 msec après le début de présentation du mot cible. Elle est considérée comme un marqueur du traitement sémantique.

Neuropsychologie Cognitive : Discipline étudiant les performances cognitives chez des patients victimes d'un accident cérébral. Elle vise à faire des inférences sur les processus normaux à partir des observations effectuées chez des patients.

Niveaux de traitements : Fait référence aux différents niveaux dans un système hiérarchique, allant des traitements de bas niveau (comme le niveau visuel, orthographique, phonologique) vers des traitements de haut niveau (comme le niveau sémantique ou morphologique).

Nœud : Composant élémentaire d'un réseau connexionniste pouvant prendre différentes formes (nœud orthographique, phonologique ou sémantique).

Nonmot : Suite de lettres (ou de phonèmes) non prononçable et illégale, n'ayant pas de signification, ne constituant pas un mot et ne respectant les règles phonotactiques. Par exemple, « tnxvi ». (voir *Pseudomot*).

Nucleus (ou noyau vocalique) : Partie de la syllabe constituée d'une voyelle.

Perception ascendante : Processus de perception dans lequel le lecteur recueille des informations directement à partir du niveau le plus bas, c'est à dire au niveau du signal physique, pour aller vers le niveau le plus haut (lexique mental).

Perception descendante : Processus dans lequel le traitement d'un mot est aidé à partir des connaissances de haut niveau (lexique mental) qui vont influencer la perception de bas niveau (signal physique).

Perception subliminale : Ensemble de phénomènes qui ont en commun le fait que le sujet dit ne pas avoir conscience de l'existence de stimuli qui affectent son comportement.

PEV : Technique d'imagerie cérébrale (Potentiels Evoqués Electriques) consistant à enregistrer les potentiels électriques générés par les neurones en plusieurs points de la surface du crâne grâce à des électrodes fixées sur le cuir chevelu. Excellente résolution temporelle permettant de suivre l'activité électrique sur cerveau au cours du temps.

Phonème : Plus petite unité de son capable de produire un changement de sens par simple commutation, sans avoir de sens lui-même.

Phonologie : 1- le système de sons d'une langue donnée ; 2- la composante d'une grammaire qui comprend un répertoire des sons et des règles permettant leur combinaison et leur production ; 3- forme « sonore » ou prononciation d'un mot donné.

Polymorphémique : Mot constitué de plusieurs morphèmes.

Polysémie : Se dit d'un mot ambigu ayant plusieurs sens. Par exemple, le mot AVOCAT est polysémique ou ambigu car il revoie au fruit ou à la profession.

Préfixe : Morphème qui apparaît avant la racine d'un mot.

Pseudo-homophone : Suite de lettres (ou de phonèmes) se prononçant comme un mot réel mais ne constituant pas un mot (par exemple ROZE).

Pseudomot : Suite de lettres (ou de phonèmes) prononçable et légale, n'ayant pas de signification et ne constituant pas un mot mais respectant les règles phonotactiques (par exemple TOBLE).

Psycholinguistique : Branche issue de la psychologie et de la linguistique, qui étudie les processus psychologiques à l'œuvre dans l'acquisition, la perception, la compréhension et la production du langage.

Psychologie Cognitive : Science qui étudie les systèmes naturels de connaissance (et plus particulièrement celui de l'être humain).

Reconnaissance : Voir Identification.

Règles de conversion graphèmes / phonèmes : Ensemble de règles pouvant prédire la prononciation de groupes de lettres. Un même groupement de lettres peut donner lieu à des prononciations différentes.

Régularité grapho-phonologique : Est considéré « irrégulier » tout mot violant les règles de conversion graphèmes-phonèmes.

Représentations locales (ou symboliques) : Conception selon laquelle les informations sont représentées de manière symbolique.

Représentations distribuées : Conception selon laquelle les informations relatives à un mot écrit sont représentées de façon non-symbolique. Ces représentations correspondent la plupart du temps à des traits orthographiques, des traits phonologiques, et des traits sémantiques mais ne constituent pas des entités discrètes. Cette conception utilise des représentations distribuées dans lesquelles un mot est représenté par un pattern d'activation à travers un ensemble de traits. Autrement dit, la connaissance d'un mot est représentée par un pattern de connexions entre les différentes unités distribuées.

Représentations infralexicales (ou prélexicales) : Il s'agit de représentations plus petites que le mot entier. Par exemple, le mot BALCON contient deux syllabes, six lettres et cinq graphèmes.

Rime : Groupement de sons constitué du noyau vocalique et de la coda.

Sémantique : 1- branche de la linguistique qui étudie le sens des mots et des phrases ; 2- sens ou signification lexicale d'un mot donné.

SOA : Stimulus Onset Asynchrony ; délai temporel s'écoulant entre le début de présentation de l'amorce et le début de présentation de la cible.

Suffixe : Morphème qui apparaît après la racine d'un mot.

Syllabe : Unité d'analyse phonologique constituée d'un phonème ou d'un groupe de phonèmes. Sa réalisation correspond à un geste articulatoire intégré.

Temps de réaction : Temps que le sujet met pour répondre dans les expériences en Psycholinguistique. Il est supposé refléter le temps de traitement.

Traits sémantiques : Moyen d'exprimer la présence ou l'absence de propriétés sémantiques. Sont généralement de nature binaire et utilisent des signes plus ou moins (par exemple, *bébé* est [+ jeune], [- abstrait]).

Trajectoire fréquentielle : Opérationalisation de l'âge d'acquisition reposant sur des mesures objectives et statistiques de la fréquence des mots dans des textes pour enfants et pour adultes. Certains mots (comme « dragon ») ont une trajectoire fréquentielle *descendante* : ils sont acquis tôt et sont fréquents dans l'enfance, mais ils deviennent moins fréquents à l'âge adulte. D'autres mots (comme « taxe ») ont une trajectoire fréquentielle *ascendante* : ils sont acquis tardivement et sont peu fréquents dans l'enfance, mais deviennent plus fréquents à l'âge adulte.

Trigramme : Groupement de trois lettres. Par exemple, le mot AVION contient trois trigrammes : AVI, VIO, et ION.

Voisin orthographique : Correspond à l'ensemble des mots de même longueur partageant toutes les lettres sauf une à la même position avec un mot cible (par exemple, le mot OGRE a un seul voisin, OCRE).

Voisin phonologique : Correspond à l'ensemble des mots de même longueur partageant tous les phonèmes sauf un à la même position avec un mot cible. Par exemple, le mot /for/ (FORT) a plusieurs voisins phonologiques comme /far/ (PHARE), /fer/ (FAIRE), /fur/ (FOUR), /bor/ (BORD), /kor/ (CORPS), /mor/ (MORT), /por/ (PORC), /sor/ (SORT).

Voisin syllabique : Correspond à l'ensemble des mots de même longueur partageant une syllabe à la même position avec un mot cible. Par exemple, en espagnol, LACA a de nombreux voisins syllabiques comme LADO, LAGO, LAPIZ, LAVAR, LABOR, LANA, LATA, etc.

Bibliographie

Abramson, M., & Goldinger, S.D. (1997). What the reader's eye tells the mind's ear : Silent reading activates inner speech. Perception & Psychophysics, 59(7), 1059-1068.

Andrews, S. (1989). Frequency and neighborhood size effects on lexical access : Activation or search ? *Journal of Experimental Psychology : Learning, Memory and Cognition, 15,* 802-814.

Andrews, S., & Heathcote, A. (2001). Distinguishing common and task-specific processes in word identification : A matter of some moment ? *Journal of Experimental Psychology : Learning, Memory and Cognition, 27(2),* 514-544.

Assche, E.V., & Grainger, J. (2006). A study of relative-position priming with superset primes. *Journal of Experimental Psychology : Learning, Memory, and Cognition, 32, 399-415.*

Augustinova, M., & Ferrand, L. (2007). Influence de la presentation bicolore des mots sur l'effet Stroop. *L'Année Psychologique, 107(2),* 163-179.

Baayen, R.H., Piepenbrock, R., & van Rijn, H. (1993). *The CELEX lexical database [CD-ROM].* Philadelphia : University of Pennsylvania, Linguistic Data Consortium.

Balota, D.A., & Chumbley, J.I. (1984). Are lexical decisions a good measure of lexical access ? The role of word frequency in the neglected decision stage. *Journal of Experimental Psychology : Human Perception and Performance, 10,* 340-357.

Balota, D.A., & Chumbley, J.I. (1985). The locus of word frequency effects in the pronunciation task : Lexical access and / or production ? *Journal of Memory and Language, 24,* 89-106.

Balota, D.A., Cortese, M.J., Sergent-Marshall, S.D., Spieler, D.H., & Yap, M.J. (2004). Visual word recognition of single-syllable words. *Journal of Experimental Psychology : General, 133(2),* 283-316.

Balota, D.A., & Paul, S.T. (1996). Summation of activation : Evidence from multiple primes that converge and diverge within semantic memory. *Journal of Experimental Psychology : Learning, Memory, and Cognition, 22,* 827-845.

Barber, H.A., & Kutas, M. (2007). Interplay between computational models and cognitive electrophysiology in visual word recognition. *Brain Research Reviews, 53,* 98-123.

Baron, J., & Thurston, I. (1973). An analysis of the word superiority effect. *Cognitive Psychology, 4,* 207-228.

Beauvillain, C. (1996). The integration of morphological and whole-word form information during eye fixations on prefixed and suffixed words. *Journal of Memory and Language, 35,* 801-820.

Becker, C.A. (1980). Semantic context effects in visual word recognition : An analysis of semantic strategies. *Memory & Cognition, 8,* 493-512.

Bentin, S., & Feldman, L.B. (1990). The contribution of morphological and semantic relatedness to repetition priming at short and long lags : Evidence from Hebrew. *Quarterly Journal of Experimental Psychology, 42A,* 693-711.

Berent, I., Bouissa, R., & Tuller, B. (2001). The effect of shared structure and content on reading nonwords : Evidence for a CV skeleton. *Journal of Experimental Psychology : Learning, Memory, and Cognition, 27(4),* 1042-1057.

Berent, I., & Perfetti, C.A. (1995). A Rose is a REEZ : The two-cycles model of phonology assembly in reading English. *Psychological Review, 102,* 146-184.

Besner, D., & Johnston, J.C. (1989). Reading and the mental lexicon : On the uptake of visual information. In W. Marslen-Wilson (Ed.), *Lexical representation and process* (pp. 291-316). Cambridge, MA : MIT Press.

Besner, D., Stolz, J.A., & Boutilier, C. (1997). The Stroop effect and the myth of automaticity. *Psychonomic Bulletin & Review, 4,* 221-225.

Binder, J.R., Westbury, C.F., McKiernan, K.A., Possing, E.T., & Medler, D.A. (2005). Distinct brain systems for processing concrete and abstract concepts. *Journal of Cognitive Neuroscience, 17(6),* 905-917.

Bodner, G.E., & Masson, M.E.J. (1997). Masked repetition priming of words and nonwords : Evidence for a nonlexical basis for priming. *Journal of Memory and Language, 37,* 268-293.

Bodner, G.E., & Masson, M.E.J. (2004). Beyond binary judgments : Prime validity modulates masked repetition priming in the naming task. *Memory & Cognition, 32(1),* 1-11.

Borowsky, R., & Masson, M.E.J. (1996). Semantic ambiguity effects in word identification. *Journal of Experimental Psychology : Learning, Memory, and Cognition, 22,* 63-85.

Bouma, H. (1970). Interaction effects in parafoveal letter recognition. *Nature, 226,* 177-178.

Bouma, H. (1971). Visual word recognition of isolated lower-case letters. *Vision Research, 11,* 459-474.

Bowers, J.S. (1996). Different perceptual codes support word and pseudoword priming : Was Morton right all along ? *Journal of Experimental Psychology : Learning, Memory, and Cognition, 22,* 1336-1353.

Bowey, J.A. (1993). Orthographic rime priming. *Quarterly Journal of Experimental Psychology, 40A,* 247-271.

Burgess, C., & Lund, K. (2000). The dynamics of meaning in memory. In Dietrich & Markman (Eds.), *Cognitive dynamics : Conceptual change in humans and machines.* NJ : Lawrence Erlbaum Associates.

Cañas, J.J. (1990). Associative strength effects in the lexical decision task. *Quarterly Journal of Experimental Psychology, 42A,* 121-145.

Caramazza, A., Laudanna, A., & Romani, C. (1988). Lexical access and inflectional morphology. *Cognition, 28,* 297-332.

Carpenter, P.A., & Daneman, M. (1981). Lexical retrieval and error recovery in reading : A model based on eye fixations. *Journal of Verbal Learning and Verbal Behavior, 20,* 137-160.

Carreiras, M., Ferrand, L., Grainger, J., & Perea, M. (2005). Sequential effects of phonological priming in visual word recognition. *Psychological Science, 16(8),* 585-589.

Carreiras, M., Perea, M., & Grainger, J. (1997). Orthographic neighborhood effects on visual word recognition in Spanish : Cross-task comparisons. *Journal of Experimental Psychology : Learning, Memory and Cognition, 23,* 857-871.

Cattell, J.M. (1886). The time taken up by cerebral operation. *Mind, 11,* 220-242, 377-392, 524-538.

Cheeseman, J., & Merikle, P.M. (1984). Priming with and without awareness. *Perception & Psychophysics, 36,* 387-395.

Clark, J.J., & O'Regan, J.K. (1999). Word ambiguity and the optimal viewing position in reading. *Vision Research, 39,* 843-857.

Colombo, L., Zorzi, M., Cubelli, R., & Brivio, C. (2003). The status of consonants and vowels in phonological assembly : Testing the two-cycles model with Italian. *European Journal of Cognitive Psychology, 15(3),* 405-433.

Collins, A.M., & Loftus, E.F. (1975). A spreading activation theory of semantic processing. *Psychological Review, 82,* 407-428.

Collins, A.M., & Quillian, M.R. (1969). Retrieval time from semantic memory. *Journal of Verbal Learning and Verbal Behavior, 8,* 240-247.

Coltheart, M. (1980). Deep dyslexia : A right hemisphere hypothesis. In M. Coltheart, K. Patterson, & J.C. Marshall (Eds.), Deep dyslexia (pp. 326-380). London : Routledge & Kegan Paul. Coltheart.

Coltheart, M. (1996) (Ed.). *Phonological dyslexia.* Hove : Lawrence Erlbaum.

Coltheart, M., & Coltheart, V. (1997). Reading comprehension is not exclusively reliant upon phonological representation. *Cognitive Neuropsychology, 14,* 167-175.

Coltheart, M., Curtis, B., Atkins, P., & Haller, M. (1993). Models of reading aloud : Dual-route and parallel-distribute-processing approaches. *Psychological Review, 100,* 589-608.

Coltheart, M., Rastle, K., Perry, C., Langdon, R., & Ziegler, J. (2001). DRC : A Dual Route Cascaded model of visual word recognition and reading aloud. *Psychological Review, 108,* 204-256.

Coltheart, V., Avons, S.E., Masterson, J., & Laxon, V.J. (1991). The role of assembled phonology in reading comprehension. *Memory and Cognition, 19,* 387-400.

Connine, C.M., Mullennix, J., Shernoff, E., & Yelen, J. (1990). Word familiarity and frequency in visual and auditory word recognition. *Journal of Experimental Psychology : Learning, Memory and Cognition, 16(6),* 1084-1096.

Cree, G.S., McRae, K., & McNorgan, C. (1999). An attractor model of lexical conceptual processing : Simulating semantic priming. *Cognitive Science, 23,* 371-414.

Dambacher, M., Kliegl, R., Hofmann, M., & Jacobs, A.M. (2006). Frequency and predictability effects on event-related potentials during reading. *Brain Research, 1084,* 89-103.

Daneman, M., Reingold, E., & Davidson, M. (1995). Time course of phonological activation during reading : Evidence from eye fixations. *Journal of Experimental Psychology : Learning, Memory and Cognition, 21,* 884-898.

Daneman, M., & Stainton, M. (1991). Phonological recoding in silent reading. *Journal of Experimental Psychology : Learning, Memory and Cognition, 17,* 618-632.

Davelaar, E., Coltheart, M., Besner, D., & Jonasson, J.T. (1978). Phonological recoding and lexical access. *Memory and Cognition, 6,* 618-632.

De Groot, A.M.B. (1984). Primed lexical decision : Combined effects of the proportion of similar prime-target pairs and the stimulus-onset asynchrony of prime and target. *Quarterly Journal of Experimental Psychology, 36A,* 253-280.

De Groot, A.M.B., Thomassen, A.J.W.M., & Hudson, P.T.W. (1986). Primed-lexical decision : The effect of varying the stimulus-onset asynchrony of prime and target. *Acta Psychologica, 61,* 17-36.

Dehaene, S., Le Clec'h, G., Poline, J.-B., Le Bihan, D., & Cohen, L. (2002). The visual word form area : A prelexical representation of visual words in the fusiform gyrus. *NeuroReport, 13,* 321-325.

Diependaele, K., Sandra, D., & Grainger, J. (2005). Masked cross-modal morphological priming : Unravelling morpho-orthographic and morpho-semantic influences in early word recognition. *Language and Cognitive Processes, 20(1/2),* 75-114.

Dijkstra, T., de Smedt, K. (1996). Computer models in psycholinguistics : An introduction. In T. Dijkstra & K. de Smedt (Eds.), *Computational psycholinguistics* (pp. 3-23). London : Taylor & Francis.

Eddy, M., Schmid, A., & Holcomb, P.J. (2006). A new approach to tracking the time-course of object perception : Masked repetition priming and event-related brain potentials. *Psychophysiology, 43(6),* 564-568.

Ellis, A.W., & Young, A.W. (1988). *Human Cognitive Neuropsychology.* Hillsdale, NJ : Lawrence Erlbaum.

Evett, L.J., & Humphreys, G.W. (1981). The use of abstract graphemic information in lexical access. *Quarterly Journal of Experimental Psychology, 33A,* 325-350.

Fabre, D. (2006). *Organisation du lexique mental : rôle des mots polymorphémiques.* Doctorat de 3ième cycle, Université Lumière, Lyon 2.

Feldman, L.B. (1992). Morphological relationships revealed through the repetition priming task. In M. Nooma, P. Downing, & S. Lima (Eds.), *Litteracy and Linguistics.* Amsterdam/Philadelphia : John Benjamins Pub.

Feldman, L.B. (2000). Are morphological effects distinguishable from the effects of shared meaning and shared form ? *Journal of Experimental Psychology : Learning, Memory and Cognition, 26(6),* 1431-1444.

Feldman, L.B., & Andjelkovic, D. (1992). Morphological analysis in word recognition. In R. Frost & L. Katz (Eds.), *Orthography, phonology, morphology and meaning* (pp. 343-360). Elsevier Science.

Feldman, L.B., & Bentin, S. (1994). Morphological analysis of disrupted morphemes : Evidence from Hebrew. *Quarterly Journal of Experimental Psychology, 47A,* 407-435.

Ferrand, L. (1999). 640 homophones et leurs caractéristiques. *L'Année Psychologique, 99,* 687-708.

Ferrand, L. (2007). Psychologie cognitive de la lecture. Bruxelles : De Boeck Université, Collection Ouvertures Psychologiques.

Ferrand, L., & Alario, F.-X. (1998). Normes d'associations verbales pour 366 noms d'objets concrets. *L'Année Psychologique, 98,* 659-709.

Ferrand, L., & Grainger, J. (1993). The time course of orthographic and phonological code activation in the early phases of visual word recognition. *Bulletin of the Psychonomic Society, 31,* 119-122.

Ferrand, L., Grainger, J., & Segui, J. (1994). A study of masked form priming in picture and word naming. *Memory & Cognition, 22,* 421-441.

Ferrand, L., & Grainger, J. (1996). List context effects on masked phonological priming in the lexical decision task. *Psychonomic Bulletin & Review, 3(4),* 515-519.

Ferrand, L., & Grainger, J. (2003). Homophone interference effects in visual word recognition. *Quarterly Journal of Experimental Psychology, 56A(3),* 403-419.

Ferrand, L., & New, B. (2003a). Syllabic length effects in visual word recognition and naming. *Acta Psychologica, 113,* 167-183.

Ferrand, L., & New, B. (2003b). Semantic and associative priming in the mental lexicon. In P. Bonin (Ed.), *Mental Lexicon : Some words to talk about words.* Hauppauge, NY : Nova Science Publisher.

Ferrand, L., Segui, J., & Grainger, J. (1996). Masked priming of word and picture naming : The role of syllabic units. *Journal of Memory and Language, 35,* 708-723.

Fisher, D. F. (1975). Reading and visual search. *Memory and Cognition, 3,* 188-196.

Forster, K.I. (1976). Accessing the mental lexicon. In R.J. Wales & E.W. Walker (Eds.), *New approaches to language mechanisms* (pp. 257-287). Amsterdam : North-Holland.

Forster, K.I., & Bednall, E.S. (1976). Terminating and exhaustive search in lexical access. *Memory & Cognition, 4,* 53-61.

Forster, K.I., & Chambers, S.M. (1973). Lexical access and naming time. *Journal of Verbal Learning and Verbal Behavior, 12,* 627-635.

Forster, K.I., & Davis, C. (1984). Repetition priming and frequency attenuation in lexical access. *Journal of Experimental Psychology : Learning, Memory and Cognition, 10,* 680-698.

Forster, K.I., Davis, C., Schoknecht, C., & Carter, R. (1987). Masked priming with graphemically related forms : Repetition or partial activation ? *Quarterly Journal of Experimental Psychology, 39,* 211-251.

Forster, K.I., & Shen, D. (1996). No enemies in the neighborhood : Absence of inhibitory effects in lexical decision and semantic categorization. *Journal of Experimental Psychology : Learning, Memory and Cognition, 22,* 696-713.

Fowler, C.A., Napps, S.E., & Feldman, L.B. (1985). Relations among regular and irregular morphologically related words in the lexicon as revealed by repetition priming. *Memory & Cognition, 13,* 241-255.

Friedrich, F.J., Henik, A., & Tzelgov, J. (1991). Automatic processes in lexical access and spreading activation. *Journal of Experimental Psychology : Human Perception and Performance, 17,* 792-806.

Frost, R., Forster, K.I., & Deutsch, A. (1997). What can we learn from the morphology of Hebrew ? A masked-priming investigation of morphological representation. *Journal of Experimental Psychology : Learning, Memory, and Cognition, 23,* 829-856.

Funnell, E., & Allport, D.A. (1987). Non-linguistic cognition and word meanings. In A. Allport, D. MacKay, W. Prinz, & E. Scheerer (Eds.), *Language perception and production.* London : Academic Press.

Funnell, M.G., Corballis, P.M., & Gazzaniga, M.S. (2001). Hemispheric processing asymetries : Implications for memory. *Brain and Cognition, 46,* 135-139.

Gerhand, S., & Barry, C. (1998). Word frequency effects in oral reading are not merely age-of-acquisition effects in disguise. *Journal of Experimental Psychology : Learning, Memory, and Cognition, 24(2),* 267-283.

Gerhand, S., & Barry, C. (1999). Age of acquisition, word frequency, and the role of phonology in the lexical decision task. *Memory & Cognition, 27(4),* 592-602.

Gernsbacher, M.A. (1984). Resolving 20 years of inconsistent interactions between lexical familiarity and orthography, concreteness, and polysemy. *Journal of Experimental Psychology : General, 113(2),* 256-281.

Gilhooly, K.J., & Gilhooly, M.L.M. (1979). Age-of-acquisition effects in lexical decision and episodic memory tasks. *Memory & Cognition, 7,* 214-223.

Giraudo, H., & Grainger, J. (2003). A supralexical model for French derivational morphology. In E.M.H. Assink & D. Sandra (Eds.), *Reading complex words : Cross-language studies.* New York : Kluwer Academic.

Glushko, R. (1979). The organization and activation of orthographic knowledge in reading aloud. *Journal of Experimental Psychology : Human Perception and Performance, 2,* 361-379.

Gollan, T. H., Forster, K. I., & Frost, R. (1997). Translation priming with different scripts : masked priming with cognates and noncognates in Hebrew-English bilinguals. *Journal of Experimental Psychology : Learning, Memory, and Cognition, 23,* 1122-1139

Gonnerman, L.M., Seidenberg, M.S., & Andersen, E.S. (2007). Graded semantic and phonological similarity effects in priming : Evidence for a distributed connectionist approach to morphology. *Journal of Experimental Psychology : General,* sous presse.

Gordon, B. (1983). Lexical access and lexical decision : Mechanisms of frequency sensitivity. *Journal of Verbal Learning and Verbal Behavior, 22,* 24-44.

Grainger, J. (1990). Word frequency and neighbourhood frequency effects in lexical decision and naming. *Journal of Memory and Language, 29,* 228-244.

Grainger, J., Colé, P., & Segui, J. (1991). Masked morphological priming in visual word recognition. *Journal of Memory and Language, 30,* 370-384.

Grainger, J., Diependaele, K., Spinelli, E., Ferrand, L., & Farioli, F. (2003). Masked repetition and phonological priming within and across modalities. *Journal of Experimental Psychology : Learning, Memory, and Cognition, 29(6),* 1256-1269.

Grainger, J., & Ferrand, L. (1994). Phonology and orthography in visual word recognition : Effects of masked homophone primes. *Journal of Memory and Language, 33,* 218-233.

Grainger, J., & Ferrand, L. (1996). Masked orthographic and phonological priming in visual word recognition and naming : Cross-task comparisons. *Journal of Memory and Language, 35,* 623-647.

Grainger, J., & Holcomb, P.J. (2006). Neural constraints on a functional architecture for word recognition. In P. Cornelissen, P. Hansen, M. Kringelbach & K. Pugh (Eds.), *The neural basis of reading.* Oxford University Press : Oxford.

Grainger, J., & Jacobs, A.M. (1996). Orthographic processing in visual word recognition : A multiple read-out model. *Psychological Review, 103,* 518-565.

Grainger, J., & Jacobs, A.M. (1999). Temporal integration of information in orthographic priming. *Visual Cognition, 6(3/4),* 461-492.

Grainger, J., Kiyonaga, K., & Holcomb, P.J. (2006). The time-course of orthographic and phonological code activation. *Psychological Science, 17(12),* 1021-1026.

Grainger, J., O'Regan, J.K., Jacobs, A.M., & Segui, J. (1989). On the role of competing word units in visual word recognition : The neighborhood frequency effect. *Perception & Psychophysics, 45,* 189-195.

Grainger, J., & Segui, J. (1990). Neighborhood frequency effects in visual word recognition. *Perception & Psychophysics, 47,* 191-198.

Grainger, J., Spinelli, E., & Ferrand, L. (2000). Effects of baseword frequency and orthographic neighborhood size in pseudo-homophone naming. *Journal of Memory and Language, 42(1),* 88-102.

Grainger, J., & Van Heuven, W. (2003). Modelling letter position coding in printed word perception. In P. Bonin (Ed.), *The mental lexicon* (pp. 2-23). New York : Nova Science.

Haber, R.N., & Schindler, R.M. (1981). Errors in proofreading : Evidence of syntactic control of letter processing ? *Journal of Experimental Psychology : Human Perception and Performance, 7,* 573-579.

Harm, M.W., & Seidenberg, M.S. (2004). Computing the meanings of words in reading : Cooperative division of labor between visual and phonological processes. *Psychological Review, 111(3),* 662-720.

Healy, A.F., & Cunningham, T.F. (1992). A developmental evaluation of the role of word shape in word recognition. *Memory & Cognition, 20(2),* 141-150.

Heil, M., Rolke, B., & Pecchinenda, A. (2004). Automatic semantic activation is not myth : Semantic context effects on the N400 in the letter-serach task in the absence of response time effects. *Psychological Science, 15(12),* 852-857.

Hino, Y., & Lupker, S.J. (1996). Effects of polysemy in lexical decision and naming : An alternative to lexical access accounts. *Journal of Experimental Psychology : Human Perception and Performance, 21,* 1331-1356.

Hino, Y., & Lupker, S.J. (2000). Effects of word frequency and spelling-to-sound regularity in naming with and without preceding lexical decision. *Journal of Experimental Psychology : Human Perception and Performance, 26,* 166-183.

Hino, Y., Lupker, S.J., & Pexman, P.M. (2002). Ambiguity and synonymy effects in lexical decision, naming, and semantic categorization tasks : Interactions between orthography, phonology, and semantics. *Journal of Experimental Psychology : Learning, Memory, and Cognition, 28(4),* 686-713.

Hirshman, E., & Durante, R. (1992). Prime identification and semantic priming. *Journal of Experimental Psychology : Learning, Memory, and Cognition, 18,* 255-265.

Holcomb, P.J., & Grainger, J. (2006). On the time course of visual word recognition : An event-related potential investigation using masked repetition priming. *Journal of Cognitive Neuroscience, 18(10),* 1631-1643.

Howes, D.H., & Salomon, R.L. (1951). Visual duration threshold as a function of word probability. *Journal of Experimental Psychology, 41,* 401-410.

Huey, E.B. (1908). *The Psychology and Pedagogy of Reading.* Reproduit par : Cambridge, Mass. : M.I.T. Press, 1968.

Humphreys, G.W., Evett, L.J., Quinlan, P.T., & Besner, D. (1987). Orthographic priming : Qualitative differences between priming from identified and unidentified primes. In M. Coltheart (Ed.), *Attention and Performance XII : The psychology of reading* (pp. 105-125). London : Erlbaum.

Hutchison, K.A. (2003). Is semantic priming due to association strength or feature overlap ? A microanalytic review. *Psychonomic Bulletin & Review, 10(4),* 785-813.

Jacobs, A.M., & Grainger, J. (1992). Testing a semistochastic variant of the interactive activation model in different word recognition experiments. *Journal of Experimental Psychology : Human Perception and Performance, 18,* 1174-1188.

Jacobs, A.M., & Grainger, J. (1994). Models of visual word recognition- Sampling the state of the art. *Journal of Experimental Psychology : Human Perception and Performance, 20,* 1311-1334.

Jacobs, A.M., Grainger, J., & Ferrand, L. (1995). The incremental priming technique : A method for determining within-condition priming effects. *Perception & Psychophysics, 57,* 1101-1110.

Jacoby, L. L. (1983). Remembering the data : analyzing interactive processes in reading. *Journal of Verbal Learning and Verbal Behavior, 22,* 485-508.

Jared, D., McRae, K., & Seidenberg, M.S. (1990). The basis of consistency effects in word naming. *Journal of Memory and Language, 29,* 687-715.

Javal, E. (1879). Sur la physiologie de la lecture. *Annales d'oculistique, 79,* 97-117.

Jiang, N., & Forster, K.I. (2001). Cross-language priming asymmetries in lexical decision and episodic recognition. *Journal of Memory and Language, 44,* 32-51.

Johnson, N.F., & Pugh, K.R. (1994). A cohort model of visual word recognition. *Cognitive Psychology, 26,* 240-346.

Johnston, J.C., & McClelland, J.L. (1973). Visual factors in word perception. *Perception & Psychophysics, 14,* 365-370.

Johnston, J.C., & McClelland, J.L. (1974). Perception of letters in words : Seek not and ye shall find. *Science, 184,* 1192-1194.

Johnston, R.A., & Barry, C. (2006). Age of acquisition and lexical processing. *Visual Cognition, 13(7/8),* 789-845.

Jones, M.N., & Mewhort, D.J.K. (2007). Representing word meaning and order information in a composite holographic lexicon. *Psychological Review, 114(1),* 1-37.

Jorm, A.F. (1991). The validity of word-of-acquisition ratings : A longitudinal study of a child's word knowledge. *British Journal of Developmental Psychology, 9,* 437-444.

Kawamoto, A.H. (1993). Nonlinear dynamics in the resolution of lexical ambiguity : A parallel distributed processing account. *Journal of Memory and Language, 32,* 474-516.

Kawamoto, A.H., Farrar IV, W.T., & Kello, C. (1994). When two meanings are better than one : Modeling the ambiguity advantage using a recurrent distributed network. *Journal of Experimental Psychology : Human Perception and Performance, 20,* 1233-1247.

Klein, D.E., & Murphy, G.L. (2002). Paper has been my ruin : Conceptual relations of polysemous senses. *Journal of Memory and Language, 47,* 548-570.

Kounios, J., & Holcomb, P.J. (1994). Concreteness effects in semantic processing : ERP evidence supporting dual-coding theory. *Journal of Experimental Psychology : Learning, Memory, and Cognition, 20,* 804-823.

Kroll, J.F., & Merves, J.S. (1986). Lexical access for concrete and abstract words. *Journal of Experimental Psychology : Learning, Memory, and Cognition, 12,* 92-107.

Landauer, T.K., & Dumais, S.T. (1997). A solution to Plato's problem : The latent semantic analysis theory of acquisition, induction, and representation of knowledge. *Psychological Review, 104,* 211-240.

Lee, H-W., Rayner, K., & Pollatsek, A. (2001). The relative contribution of consonants and vowels to word identification during reading. *Journal of Memory and Language, 44,* 189-205.

Liberman, A.M. (1992). The relation of speech to reading and writing. In R. Frost & L. Katz (Eds.), *Orthography, phonology, morphology and meaning* (pp. 167-178). Amsterdam : Elsevier Science.

Lorch, R.F. (1982). Priming and search processes in semantic memory : A test of three models of spreading activation. *Journal of Verbal Learning and Verbal Behavior, 21,* 468-492.

Lukatela, G., & Turvey, M.T. (1994a). Visual lexical access is initially phonological : 1. Evidence from associate priming by word, homophones and pseudo-homophones. *Journal of Experimental Psychology : General, 123,* 107-128.

Lukatela, G., & Turvey, M.T. (1994b). Visual lexical access is initially phonological : 2. Evidence from phonological priming by homophones and pseudo-homophones. *Journal of Experimental Psychology : General, 123,* 331-353.

Lukatela, G., & Turvey, M.T. (2000). An evaluation of the two-cycles model of phonology assembly. *Journal of Memory and Language, 42,* 183-207.

Lund, K., & Burgess, C. (1996). Producing high-dimensional semantic units spaces from lexical co-occurrence. *Behavior Research Methods, Instrumentation, and Computers, 28,* 203-208.

Manelis, L., & Tharp, D.A. (1977). The processing of affixed words. *Memory & Cognition, 5,* 690-695.

Masson, M.E.J. (1995). A distributed memory model of semantic priming. *Journal of Experimental Psychology : Learning, Memory, & Cognition, 21,* 3-23.

Mayall, K., Humphreys, G.W., & Olson, A. (1997). Disruption of word or letter processing ? The origins of case-mixing effects. *Journal of Experimental Psychology : Learning, Memory and Cognition, 23(5),* 1275-1286.

McClelland, J.L. (1979). On the time relations of mental processes : An examination of systems of processes in cascade. *Psychological Review, 86,* 287-300.

McClelland, J.L., & Johnston, J.C. (1977). The role of familiar units in the perception of words and nonwords. *Perception & Psychophysics, 22,* 249-261.

McClelland, J.L., & Rumelhart, D.E. (1981). An interactive activation model of context effects in letter perception : Part 1. An account of basic finding. *Psychological Review, 88(5),* 375-407.

McClelland, J.L., & Rumelhart, D.E. (1988). *Explorations in parallel distributed processing : A handbook of models, programs, and exercises*. Cambridge, MA : MIT Press.

McConkie, G.W., & Rayner, K. (1975). The span of the effective stimulus during a fixation in reading. *Perception & Psychophysics, 17,* 578-586.

McKone, E. (1995). Short-term implicit memory for words and nonwords. *Journal of Experimental Psychology : Learning, Memory and Cognition, 21,* 1008-1126.

McNamara, T.P. (1992).Theories of priming : I. Associative distance and lag. *Journal of Experimental Psychology : Learning, Memory and Cognition, 18,* 1173-1190.

McRae, K., & Boisvert, S. (1998). Automatic semantic similarity priming. *Journal of Experimental Psychology : Learning, Memory, and Cognition, 24(3),* 558-572.

Meyer, D.E., & Ruddy, M.G. (1973). *Lexical-memory retrieval based on graphemic and phonemic representations of printed words.* Présenté au Meeting de la Psychonomic Society, St. Louis, USA.

Meyer, D.E., Schvaneveldt, R.W., & Rudy, M.G. (1974). Functions of graphemic and phonemic codes in visual word recognition. *Memory and Cognition, 2,* 309-321.

Millis, M.L., & Button, S.B. (1989). The effect of polysemy on lexical decision time : Now you see it, now you don't. *Memory & Cognition, 17,* 141-147.

Monsell, S. (1985). Repetition and the lexicon. In A.W. Ellis (Ed.), *Progress in the psychology of language Vol. 2*. London : Lawrence Erlbaum Associates.

Monsell, S., Doyle, M.C., & Haggard, P.N. (1989). Effects of frequency on visual word recognition tasks : Where are they ? *Journal of Experimental Psychology : General, 118(1),* 42-71.

Monk, A.F, & Hulme (1983). Errors in proofreading : Evidence for the use of word shape in word recognition. *Memory and Cognition, 11,* 16-23.

Morais, J. (1994). *L'Art de Lire.* Paris : Odile Jacob.

Morrison, C.M., & Ellis, A.W. (1995). Roles of word frequency and age of acquisition in word naming and lexical decision. *Journal of Experimental Psychology : Learning, Memory and Cognition, 21(1),* 116-133.

Morton, J. (1969). Interaction of information in word recognition. *Psychological Review, 76,* 165-178.

Mulatti, C., Reynolds, M.G., & Besner, D. (2006). Neighborhood effects in reading aloud : New findings and new challenges for computational models. *Journal of Experimental Psychology : Human Perception and Performance, 32(4),* 799-810.

Murrell, G.A., & Morton, J. (1974). Word recognition and morphemic structure. *Journal of Experimental Psychology, 102,* 963-968.

Nazir, T.A., Jacobs, A.M., & O'Regan, J.K. (1998). Letter legibility and visual word recognition. *Memory & Cognition, 26,* 810-821.

Neely, J.H. (1977). Semantic priming and retrieval from lexical memory : Role of inhibitionless spreading activation and limited-capacity attention. *Journal of Experimental Psychology : General, 106,* 226-254.

New, B., Brysbaert, M., Segui, J., Ferrand, L., & Rastle, K. (2004). The processing of singular and plural nouns in French and English. *Journal of Memory and Language, 51,* 58-585.

New, B., Ferrand, L., Pallier, C., & Brysbaert, M. (2006). Reexamining the word length effect in visual word recognition : New evidence from the English Lexicon Project. *Psychonomic Bulletin & Review, 13(1),* 45-52.

New, B., Pallier, C., Ferrand, L., & Matos, R. (2001). Une base de données lexicales du français contemporain sur internet : LEXIQUE. *L'Année Psychologique, 101,* 447-462.

Oliphant, G.W. (1983). Repetition and recency effects in word recognition. *Australian Journal of Psychology, 35,* 393-403.

O'Regan, J.K. (1992). Facteurs sensoriels et moteurs dans la lecture : la position optimale de regard. In P. Lecocq (Ed.), *La lecture. Processus, apprentissage, troubles* (pp. 11-28). Lille : Presses Universitaires de Lille.

O'Regan, J.K., & Jacobs, A.M. (1992). Optimal viewing position effect in word recognition : A challenge to current theory. *Journal of Experimental Psychology : Human Perception and Performance, 18,* 185-197.

Paap, K.R., Newsome, S.L., McDonald, J.E., & Schvaneveldt, R.W. (1982). An activation-verification model for letter and word recognition : The word superiority effect. *Psychological Review, 89,* 573-594.

Paivio, A.U. (1991). Dual-coding theory : Retrospect and current status. *Canadian Journal of Psychology, 45,* 255-287.

Parkin, A.J. (1982). Phonological recoding in lexical decision : Effects of spelling-to-sound regularity depends upon how regularity is defined. *Memory & Cognition, 12,* 287-292.

Patterson, KE., Marshall, J.C., & Coltheart, M. (1985) (Eds.), *Surface dyslexia : Neuropsychological and cognitive studies of phonological reading*. Hillsdale, NJ : Erlbaum.

Perea, M., & Pollatsek, A. (1998). The effects of neighborhood frequency in reading and lexical decision. *Journal of Experimental Psychology : Human Perception and Performance, 24(3),* 767-779.

Perea, M., & Rosa, E. (2002). Does the 'whole-word shape' play a role in visual word recognition ? *Perception & Psychophysics, 64(5),* 785-794.

Peressotti, F., & Grainger, J. (1999). The role of letter identity and letter position in orthographic priming. *Perception & Psychophysics, 61(4),* 691-706.

Perfetti, C.A., & Bell, L. (1991). Phonemic activation during the first 40 ms of word identification : Evidence from backward masking and masked priming. *Journal of Memory and Language, 30,* 473-485.

Perfetti, C.A., Bell, L., & Delaney, S. (1988). Automatic phonetic activation in silent word reading : Evidence from backward masking. *Journal of Memory and Language, 27,* 59-70.

Perfetti, C.A., Zhang, S., & Berent, I. (1992). Reading in English and Chinese : Evidence for a « universal » phonological principle. In R. Frost & L. Katz (Eds.), *Orthography, phonology, morphology, and meaning* (pp. 227-248). Amsterdam : North-Holland.

Perry, C., Ziegler, J.C., & Zorzi, M. (2007). Nested incremental modelling in the development of computational theories : The CDP+ model of reading aloud. *Psychological Review, 114(2),* 273-315.

Petit, J.P., Midgley, K.J., Holcomb, P.J., & Grainger, J. (2006). On the time-course of letter perception : A masked priming ERP investigation. *Psychonomic Bulletin & Review, 13(4),* 674-681.

Pillon, A. (1998). The pseudofixation effect in visual word recognition : a true-neither strategic nor orthographic-morphemic effect. *The Quaterly Journal of Experimental Psychology, 51,* 85-120.

Plaut, D.C., & Booth, J.R. (2000). Individual and developmental differences in semantic priming : Empirical and computanional support for a single-mechanism account of lexical processing. *Psychological Review, 107,* 786-823.

Plaut, D.C., & Gonnerman, L.M. (2000). Are non-semantic morphological effects incompatible with a distributed connectionist approach to lexical processing ? *Language and Cognitive Processes, 15,* 445-485.

Plaut, D.C., McClelland, J.L., Seidenberg, M.S., & Patterson, K. (1996). Understanding normal and impaired word reading : Computational principles in quasi-regular domains. *Psychological Review, 103,* 56-115.

Pollatsek, A., Perea, M., & Binder, K.S. (1999). The effects of 'neighborhood size' in reading and lexical decision. *Journal of Experimental Psychology : Human Perception and Performance, 25(4),* 1142-1158.

Posner, M.I. (1986). *Chronometric explorations of the mind.* New York : Oxford University Press.

Posner, M.I., & Snyder, C.R.R. (1975). Facilitation and inhibition in the processing of signals. In P.M.A. Rabbitt & S. Dornic (Eds.), *Attention and Performance V.* New York : Academic Press.

Prinzmetal, W. (1990). Neon colors illuminate reading units. *Journal of Experimental Psychology : Human Perception and Performance, 16,* 584-597.

Prinzmetal, W., Treiman, R., & Rho, S.H. (1986). How to see a reading unit. *Journal of Memory and Language, 25,* 461-475.

Rastle, K., & Coltheart, M. (1998). Whammy and double whammy : Length effects in nonword naming. *Psychonomic Bulletin & Review, 5,* 277-282.

Rayner, K. (1975). The perceptual span and peripheral cues in reading. *Cognitive Psychology, 7,* 65-81.

Rayner, K., & Bertera, J.H. (1979). Reading without a fovea. *Science, 206,* 468-469.

Rayner, K., & Raney, G.E. (1996). Eye movement control in reading and visual search : Effects of word frequency. *Psychonomic Bulletin & Review, 3,* 245-248.

Reicher, G.M. (1969). Perceptual recognition as a function of meaningfulness of stimulus material. *Journal of Experimental Psychology, 81,* 274-280.

Ripps, L.J., Shoben, E.J., & Smith, E.E. (1973). Semantic distance and the verification of semantic relations. *Journal of Verbal Learning and Verbal Behavior, 12,* 1-20.

Rodd, J.M., Gaskell, G., & Marslen-Wilson, W. (2002). Making sense of semantic ambiguity : Semantic competition in lexical access. *Journal of Memory and Language, 46,* 245-266.

Rodd, J.M., Gaskell, G., & Marslen-Wilson, W. (2004). Modelling the effects of semantic ambiguity in word recognition. *Cognitive Science, 28,* 89-104.

Rosch, E. (1978). Principles of categorization. In E. Rosch & B.B. Lloyd (Eds.), *Cognition and categorization* (pp. 27-48). Hillsdale, NJ : Erlbaum.

Rubenstein, H., Garfield, L., & Millikan, J. (1970). Homographic entries in the internal lexicon. *Journal of Verbal Learning and Verbal Behavior, 9,* 487-494.

Rubenstein, H., Lewis, S.S., & Rubenstein, M. (1971). Evidence for phonemic coding in visual word recognition. *Journal of Verbal Learning and Verbal Behavior, 10,* 645-657.

Rubin, G.S., Becker, C.A., & Freeman, R.H. (1979). Morphological structure and its effects on visual word recognition. *Journal of Verbal Learning and Verbal Behavior, 18,* 757-767.

Rumelhart, D.E., & McClelland, J.L. (1982). An interactive activation model of context effects in letter perception : Part 2. The contextual enhancement effect and some tests and extensions of the model. *Psychological Review, 89,* 60-94.

Sanchez-Casas, R., Ferré, P., Garcia-Albea, J.E., & Guasch, M. (2006). The nature of semantic priming : Effects of the degree of semantic similarity between primes and targets in Spanish. *European Journal of Cognitive Psychology, 18(2),* 161-184.

Schreuder, R., & Baayen, R.H. (1994). Prefix stripping re-revisited. *Journal of Memory and Language, 33,* 357-375.

Schreuder, R., & Baayen, R.H. (1997). How complex simplex words can be. *Journal of Memory and Language, 37,* 118-139.

Schwanenflugel, P.J., Harnishfeger, K.K, & Stowe, R.W. (1988). Context availability and lexical decisions for abstract and concrete words. *Journal of Memory and Language, 27,* 499-520.

Sears, C.R., Hino, Y., & Lupker, S.J. (1995). Neighborhood size and neighborhood frequency effects in word recognition. *Journal of Experimental Psychology : Human Perception and Performance, 21,* 876-900.

Segui, J., & Grainger, J. (1990). Priming word recognition with orthographic neighbors : Effects of relative prime-target frequency. *Journal of Experimental Psychology : Human Perception and Performance, 16,* 65-76.

Segui, J., & Grainger, J. (1992). Neighbourhood frequency and stimulus frequency effects : Two different but related phenomena ? In J. Alegria, D. Holender, J. Junca de Morais, & M. Radeau (Eds.), *Analytic approaches to human cognition* (pp. 183-192). Elsevier Science Publishers.

Seidenberg, M.S., & Gonnerman, L.M. (2000). Explaining derivational morphology as the convergence of codes. *Trends in Cognitive Sciences, 4(9),* 353-360.

Seidenberg, M.S., & McClelland, J.L. (1989). A distributed, developmental model of word recognition and naming. *Psychological Review, 96,* 523-568.

Sereno, S.C., & Rayner, K. (2000). Spelling-sound regularity effects on eye fixations in reading. *Perception & Psychophysics, 62(2),* 402-409.

Shelton, J.R., & Caramazza, A. (1999). Deficits in lexical and semantic processing : Implications for models of normal language. *Psychonomic Bulletin & Review, 6(1),* 5-27.

Shelton, J.R., & Martin, R.C. (1992). How semantic is automatic semantic priming ? *Journal of Experimental Psychology : Learning, Memory, and Cognition, 18,* 1191-1210.

Smith, E.E., Shoben, E.J., & Ripps, L.J. (1974). Structure and process in semantic memory : A featural model for semantic decisions. *Psychological Review, 81,* 214-241.

Snodgrass, J.G., & Mintzer, M. (1993). Neighborhood effects in visual word recognition : Facilitatory or inhibitory ? *Memory and Cognition, 21,* 247-266.

Spence, D.P., & Owens, K.C. (1990). Lexical co-occurrence and association strength. *Journal of Psycholinguistic Research, 19,* 317-330.

Spoehr, K.T., & Smith, E.E. (1973). The role of syllables in perceptual processing. *Cognitive Psychology, 5,* 71-89.

Stanners, R.F., Neiser, J.J., Hernon, W.P., & Hall, R. (1979). Memory representation for morphologically related words. *Journal of Verbal Learning and Verbal Behavior, 18,* 399-412.

Sternberg, D. (1969). The discovery of processing stages : Extensions of Donder's method. *Acta Psychologica, 30,* 276-315.

Stone, G.O., Vanhoy, & Van Orden, G.C. (1997). Perception is a two-way street : Feedforward and feedback phonology in visual word recognition. *Journal of Memory and Language, 36,* 337-359.

Strain, E., Patterson, K., & Seidenberg, M.S. (1995). Semantic effects in single-word naming. *Journal of Experimental Psychology : Learning, Memory, and Cognition, 21,* 1140-1154.

Stroop, J.R. (1935). Studies of interference in serial verbal reactions. *Journal of Experimental Psychology, 18,* 643-662.

Taft, M. (1979). Recognition of affixed words and the word frequency effect. *Memory & Cognition, 7,* 263-272.

Taft, M. (1994). Interactive-activation as a framework for understanding morphological processing. *Language and Cognitive Processes, 9,* 271-294.

Taft, M., & Forster, K.I. (1975). Lexical storage and retrieval of prefixed words. *Journal of Verbal Learning and Verbal Behavior, 14,* 638-647.

Treiman, R., & Chafetz, J. (1987). Are there onset- and rime-like units in written words ? In M. Coltheart (Ed.), *The Psychology of Reading. Attention and Performance* (Vol. 12, pp. 281-298). Hillsdale, NJ : Lawrence Erlbaum.

Treisman, A.M. (1960). Contextual cues in selective listening. *Quarterly Journal of Experimental Psychology, 12,* 242-248.

Underwood, G., Roberts, M., & Thomason, H. (1988). Strategical invariance in lexical access : The reappearance of the pseudo-homophone effect. *Canadian Journal of Psychology, 42,* 24-34.

Van Heuven, W.J.B., Dijkstra, T., & Grainger, J. (1998). Orthographic neighborhood effects in bilingual word recognition. *Journal of Memory and Language, 39,* 458-483.

Van Orden, G.C. (1987). A ROWS is a ROSE : Spelling, sound and reading. *Memory and Cognition, 15,* 181-198.

Van Orden, G.C. (1991). Phonological mediation is fundamental to reading. In Besner, D., & Humphreys, G.W. (Eds.). *Basic Processes in Reading. Visual Word Recognition* (pp. 238-255). Hillsdale, NJ : Lawrence Erlbaum.

Van Orden, G.C., Johnston, J.C., & Hale, B.L. (1988). Word indentification in reading proceeds from spelling to sound to meaning. *Journal of Experimental Psychology : Learning, Memory, and Cognition, 14,* 371-386.

Van Orden G.C., & Kloos, H. (2005). The question of phonology and reading. In M.S., Snowling & C. Hulme (Eds.), *The Science of Reading :A Handbook* (pp. 61-78). London : Blackwell Publishing.

Van Orden, G.C., Pennington, B.F., & Stone, G.O. (1990). Word identification in reading and the promise of subsymbolic psycholinguistics. *Psychological Review, 97,* 488-522.

Warrington, E.K., & Shallice, T. (1984). Category-specific semantic impairments. *Brain, 107,* 829-853.

West, W.C., & Holcomb, P.J. (2000). Imaginal, semantic, and surface-level processing of concrete and abstract words : An electrophysiological investigation. *Journal of Cognitive Neuroscience, 12(6),* 1024-1037.

Yates, M., Locker, L., & Simpson, G.B. (2004). The influence of phonological neighbourhood on visual word perception. *Psychonomic Bulletin & Review, 11(3),* 452-457.

Zeno, S. (Ed.) (1995). *The educator's word frequency guide.* Brewster, NJ : Touchstone Applied Science Associates.

Zevin, J.D., & Seidenberg, M.S. (2002). Age of acquisition effects in word reading and other tasks. *Journal of Memory and Language, 47,* 1-29.

Zevin, J.D., & Seidenberg, M.S. (2004). Age-of-acquisition effects in reading aloud : Tests of cumulative-frequency and frequency trajectory. *Memory & Cognition, 32(1),* 31-38.

Ziegler, J., Montant, M., & Jacobs, A.M. (1997). The feedback consistency effect in lexical decision and naming. *Journal of Memory and Language, 37,* 533-554.

Ziegler, J.C., Van Orden, G.C., & Jacobs, A.M. (1997). Phonology can help or hurt the perception of print. *Journal of Experimental Psychology : Human Perception and Performance, 23(3),* 845-860.

Zorzi, M., Houghton, G., & Butterworth, B. (1998). Two routes or one in reading aloud ? A connectionist dual-process model. *Journal of Experimental Psychology : Human Perception and Performance, 24,* 1131-1161.

Index des matières

A

B

C

D

E

F

G

H

I

Table des matières

Chapitre 3

Chapitre 4

La collection **«Ouvertures psychologiques»** se décline en **trois séries**

Auteur(s) / Titre	Série Préparer l'examen	Série LMD	Série Internationale
ARON Serge, PASSERA Luc			
Les sociétés animales. Évolution de la coopération et organisation sociale		✓	
BANDURA Albert			
Auto-efficacité. Le sentiment d'efficacité personnelle [2e édition]			✓
BAGGIO Stéphanie			
Psychologie sociale	✓		
BARLOW David H., DURAND V. Mark			
Psychopathologie. Une perspective multidimensionnelle [2e édition]			✓
BENEDETTO Pierre			
Méthodologie pour psychologues	✓		
BENEDETTO Pierre			
Psychologie de la personnalité	✓		
BÉNONY Hervé et Christelle, DUMAS Jean			
Psychopathologies des affects et des conduites chez l'enfant et l'adolescent	✓		
BLAYE Agnès, LEMAIRE Patrick (sous la direction de)			
Psychologie du développement cognitif de l'enfant		✓	
BONIN Patrick			
Production verbale de mots. Approche cognitive		✓	
Psychologie du langage. Approche cognitive de la production verbale de mots		✓	
BORN Michel			
Psychologie de la délinquance [2e édition]		✓	
CAMPAN Raymond, SCAPINI Felicita			
Éthologie. Approche systémique du comportement animal		✓	

	Série Préparer l'examen	Série LMD	Série Internationale
CHABROL Claude, RADU Miruna			
Psychologie de la communication et persuasion. Théories et applications		✓	
COUSINEAU Denis			
Panorama des statistiques pour psychologues. Introduction aux méthodes quantitatives		✓	
DANCEY Christine P., REIDY John (traduction : GAUVRIT Nicolas)			
Statistiques sans maths pour psychologues. SPSS pour Windows			✓
DUMAS Jean E.			
Psychopathologie de l'enfant et de l'adolescent [3e édition]		✓	
FERRAND Ludovic			
Cognition et lecture. Processus de base de la reconnaissance des mots écrits chez l'adulte		✓	
Psychologie cognitive de la lecture. Processus de reconnaissance de mots écrits		✓	
FERRAND Ludovic, AYORA Pauline			
Psychologie cognitive de la lecture. Reconnaissance des mots écrits chez l'adulte	✓		
FISKE Susan T.			
Psychologie sociale			✓
GAUVRIT Nicolas			
Stats pour psycho. 500 exercices corrigés. Questions-réponses récapitulatives. Résumés des cours	✓	✓	
GODEFROID Jo			
Psychologie. Science humaine et science cognitive [2e édition]		✓	
HANSENNE Michel			
Psychologie de la personnalité [3e édition]		✓	
HOWELL DAVID C.			
Méthodes statistiques en sciences humaines [2e édition]			✓
KOUABENAN Dongo Rémi, CADET Bernard, HERMAND Danièle, MUÑOZ SASTRE María Teresa			
Psychologie du risque. Idenifier, évaluer, prévenir	✓	✓	
LAVARDE Anne-Marie			
Guide méthodologique de la recherche en psychologie	✓		
LEMAIRE Patrick			
Psychologie cognitive [2e édition]		✓	
Abrégé de psychologie cognitive	✓		

Auteur / Titre	Série Préparer l'examen	Série LMD	Série Internationale
LEMAIRE Patrick, BHERER Louis *Psychologie du vieillissement.* Une perspective cognitive		✓	
LUMINET Olivier *Psychologie des émotions.* Confrontation et évitement [2e édition]		✓	
MCFARLAND David *Le comportement animal.* Psychobiologie, éthologie et évolution [3e édition]			✓
MARIN Brigitte, LEGROS Denis *Psycholinguistique cognitive.* Lecture, compréhension et production de texte	✓		
MATLIN Margaret W. (traduction : PULLIN Wendy M. & adaptation française: PULLIN Wendy M. et BLATIER C.) *Psychologie des femmes*			✓
MÉOT Alain *Les tests d'hypothèse en psychologie expérimentale*	✓		
MYERS Anne, HANSEN Christine H. *Psychologie expérimentale* [2e édition]			✓
NICOLAS Serge, FERRAND Ludovic *Histoire de la psychologie scientifique*	✓		
OGDEN Jane (traduction : DESRICHARD Olivier) *Psychologie de la santé*			✓
PAQUET Yvan *Psychologie du contrôle.* Théories et applications		✓	
PERVIN A. Lawrence, JOHN P. Oliver *La personnalité.* De la théorie à la recherche			✓
PIOLAT Annie, VAUCLAIR Jacques *RÉUSSIR son 1er cycle en psycho*	✓		
PICQ Jean-Luc *Biologie pour psychologues*	✓		
REED Stephen K. *Cognition.* Théorie et applications			✓
RICHELLE Jacqueline *Manuel du test de Rorschach.* Approche formelle et psychodynamique		✓	

	Série Préparer l'examen	Série LMD	Série Internationale
ROBINSON Bernard			
Psychologie clinique. De l'initiation à la recherche [2e édition]		✓	
ROSSI Jean-Pierre			
Psychologie de la mémoire. De la mémoire épisodique à la mémoire sémantique	✓	✓	
Psychologie de la compréhension du langage	✓	✓	
ROSSI Sandrine, VAN DER HENST Jean-Baptiste			
Psychologie du raisonnement		✓	
SARNIN Philippe			
Psychologie du travail et des organisations	✓		
SIEGLER Robert S.			
Intelligences et développement de l'enfant. Variations, évolution, modalités			✓
Enfant et raisonnement. Le développement cognitif de l'enfant			✓
STERNBERG Robert J.			
Manuel de psychologie cognitive. Du laboratoire à la vie quotidienne			✓
WESTEN Drew			
Psychologie. Pensée, cerveau et culture			✓
WORKMAN Lance, READER Will (traduction : PAROT Françoise)			
Psychologie évolutionniste. Une introduction			✓